Topkapı Palast

Topkapı Palast

Archäologe
İlhan Akşit

akşit
AKŞİT KÜLTÜR ve TURİZM TİCARET LTD. ŞTİ.

Herausgegeben und vertrieben durch
AKŞİT KÜLTÜR VE TURİZM YAYINCILIK

Texte

İlhan Akşit
aksit@aksityayincilik.com

•••

Layout

Zafer Emecan
antalyaforever@veezy.com

•••

Übersetzung

Doris Donbaz (Ulla Wark)

•••

Photos

Güngör Özsoy

Vasken Değirmentaş

Kadir Kır

Bahadır Taşkın

•••

Farbenseparation

Figür Grafik
figur@figur.com.tr

•••

Gedruct in der Türkei von

Seçil Ofset

•••

Cağaloğlu Yokuşu Cemal Nadir Sokak
Nur İş Hanı 2/4 34440 Cağaloğlu - İSTANBUL / TÜRKEI
Tel:(0090 212) 511 53 85 - 511 67 82 Fax: 527 68 13

web: www.aksityayincilik.com
e-mail: aksit@aksityayincilik.com

•••

ISBN:978-975-7039-39-6

Inhalt

Der Topkapı Palast 9

Der Zweite Hof 10

Plan des Topkapı Palastes 12

Chinesisches und japanisches Porzellan 23

Der Dritte Hof 33

Kaftan-Gewänder der Osmanischen Sultane 43

Die Schatzkammer – Abteilung 49

Throne 58

Ausstellungsräume für Reliquien 69

Der Vierte Hof 73

Der Harem 85

Kuppelraum mit Schränken 85

Plan des harem 86

Harems-Haupttor 90

Hof der Odalisken (Cariyeler Tasligi) 91

Räumlichkeiten der Konkubinen (Cariyeler kogusu) 92

Die Gemächer der Hauptfrauen (Kadin efendiler dairesi) 93

Gemächer der Sultansmutter 94

Die Gemächer der Sultansmutter Mihrisah 99

Das Gemach Abdulhamids I. 100

Der Salon Selims III 101

Der Pavillon Osmans III. 104

Die Bäder des Sultans und der Sultansmutter 104

Die Halle des Padischahs 106

Die Brunnenhalle (Çeşmeli Sofa) 108

Der Pavillon Murads III. 110

Die Bibliothek Ahmets I. 110

Das Früchtezimmer (Yemis Odasi) 113

Doppelpavillon (Kronprinzen-Suite) 116

Die Räumlichkeiten der Favoritinnen (Gözdeler Dairesi) 118

Der Goldene Weg 118

Der Topkapı Palast

Mit der Eroberung der Stadt Konstantinopel (Istanbul) im Jahre 1453 markierte Sultan Mehmet Fatih den Beginn eines neuen Geschichtsabschnittes. Er machte die Stadt zur dritten Hauptstadt der Osmanen: Istanbul. Bei Beginn der baulischen Neugestaltung des Geländes liess er einen herrschaftlichen Palast auf dem Beyazit-Platz errichten. Als dieser im Laufe der Zeit nicht mehr ausreichte, veranlasste der Sultan den Neubau eines Palastes auf dem Hügel Sarayburnu (Serail-Spitze), in den Jahren 1460 - 1478.

Dieser Palast war dann vierhundert Jahre lang, bis zur Errichtung des Dolmabahce-Palastes, Sitz der osmanischen Herrscher und Verwaltungszentrum des Reichs. Jeder Sultan fügte den um vier Innenhöfe gruppierten Bauwerken neue hinzu. Außerdem entwickelte sich dadurch und durch den Bau des Harems - der eine eigene Welt bildete - der Palast zu einem kleinen Stadtstaat, in dem Tausende von Menschen lebten. Um die Palastgebäude zog man bald eine grosse Mauer, genannt “Sur-u Sultani“, in die viele Tore eingebaut wurden. Da sich in einem dieser Palasttore Kanonen (Top) befanden, nannte man später den Palast “Topkapi (Kanonentor) - Saray“.

Das prächtigste Eingangstor des Topkapi Serails ist das in Richtung Hagia Sophia gelegene Tor “Bab-i-Hümayun“. Im obersten Stockwerk dieses Tores befand sich früher der Herrscherkiosk (Hünkar Kasri). Von hier aus pflegten die Sultane die Hofzeremonien zu beobachten. Heute führt dieses Tor, dessen oberer Teil inzwischen fehlt, zum ersten Innenhof des Palastes. Im Westen dieses “Alay Meydani“ (Zeremonien-Platz) genannten Hofs befand sich die als Waffendepot genutzte Irenenkirche, daneben die Münze (Darphane-i Amire)

Heutiges Eingangstor zum Museum des Topkapı Palastes (Bab-üs Selam)

Front des Fayencen Schlößchens, eines des ersten Kiosks des Topkapı Palastes.

mit den Holz- und Strohlagerhäusern des Palastes. Ausserdem gab es hier früher ein Schlösschen, von dem aus das Volk seine Sorgen dem Sultan übermitteln konnte. Die damals vorhandenen weiteren Gebäude, wie das Hofkrankenhaus, die Palastbäckerei und eine Ofenkammer sind inzwischen verschwunden. Daneben gab es innerhalb der Palastmauern verschiedene Pavillons. Das sich heute im Garten des Archäologischen Museums befindliche Cinili Kösk, das über die Strassenbahnlienie ragende Alay Kösk - aus der Zeit Murads II. stammend - und das in jüngster Zeit renovierte und nun benützte Sepetciler Kösk sind Pavillons des Palastes, die bis heute erhalten sind. Einige Wasserschlösschen und Ufer-Paläste sind 1860 und früher wegen der Eisenbahnlinien-Bauarbeiten ganz entfernt worden.

Portrait von Fatih Sultan Mehmet (1444-1481)

Eine Türfüllung des Kubbealti

Der Zweite Hof

Das Tor " Bab-üs-Selam" (Tor des Friedensgrusses), das heute als Eingang zum Topkapi- Serails dient, führt zum Zweiten Hof. Dieser wird als "Divan Meydani" (Ratsherren-Platz) bezeichnet. Er war als Bereich, in dem die zentrale Verwaltung des Osmanischen Reichs praktiziert und repräsentiert wurde, der wichtigste Teil des Palastes. In den hier befindlichen Gebäuden pflegte die Ratsversammlung zu tagen, fanden die Krönungsfeierlichkeiten statt; ausländische Botschafter und Gesandte wurden hier empfangen.

Auf der linken Seite dieses Innenhofs befand sich der zur Zeit Mehmets, des Eroberers, errichtete Turm der Gerechtigkeit. Im Jahre 1820, während der Regierungszeit Mahmuds II. wurde die Höhe des Turms vergrössert. Später lies Sultan Aziz einen Kiosk darin einbauen. Unter dem Turm der Gerechtigkeit erhebt sich das auch als "Kubbealti" bezeichnete "Divan-i-Hümayun"-Gebäude (Versammlungssaal des Staatsrates). Dieser Bau wurde auf Befehl Sultan Süleymans des Prächtigen, in den Jahren 1527-1529 ausgeführt. Als Baumeister wird Architekt Alaeddin genannt. Das Haus besteht aus drei kuppelbekrönten Räumen, die aneinander gereiht sind. Der erste Raum, im Bereich der Kubbealti, diente den Ratsversammlungen; der weitere gehörte zum Divan-i-

Plan des Topkapı Palastes

1) Eingangstor (Bab-üs Selam - Tor des Friedensgrußes
2) Alte Palastküche - jetzt Porzellan Sammlung.
3) Abteilung für Kuchengeräte
4) Sammlung von Porzellan aus Istanbul
5) Quartier der Köche
6) Abteilung füor europäisches Porzellan
7) Wagentor (Meyyit Kapısı)
8) Moschee des Besir Aga
9) Stallungen
10) Museum für Sultanskutschen
11) Unterkünfte
12) Eingang zum Harem
13) Versammlungssaal des Staatsrates (Kubbealtı)
14) Waffensammlung
15) Bab-üs Saadet (Tor der Glückseligkeit)
16) Audienzsaal
17) Bibliothek Ahmet III.
18) Sammlung der Sultansgewänder
19) Schatzkammer
20) Verwaltungsgebäude des Museums
21) Porträts der Sultane
22) Uhren Sammlung
23) Relquien Ausstellung
24) Kalligraphien - Sammlung
25) Bibliothek
26) Ausgang des Harems
27) IV Hof
28) Revan - Kiosk
29) Beschneidungsraum
30) Iftariye - Kiosk
31) Bagdad - Kiosk
32) Sofa - Kiosk
33) Tum des Lala Pascha
34) Mecidiye - Pavillon
35) Umkleideraum

Plan des Harem

36) Hof der Schwarzen Eunuchen
37) Wachraum
38) Vorraum des Komplexes der Sultansmutter
39) Odaliskenhof
40) Enpfangsraum der Sultansmutter
41) Fest-und Thronsaal
42) Brunnensaal
43) Kiosk Murat III.
44) Kronprinzengemach

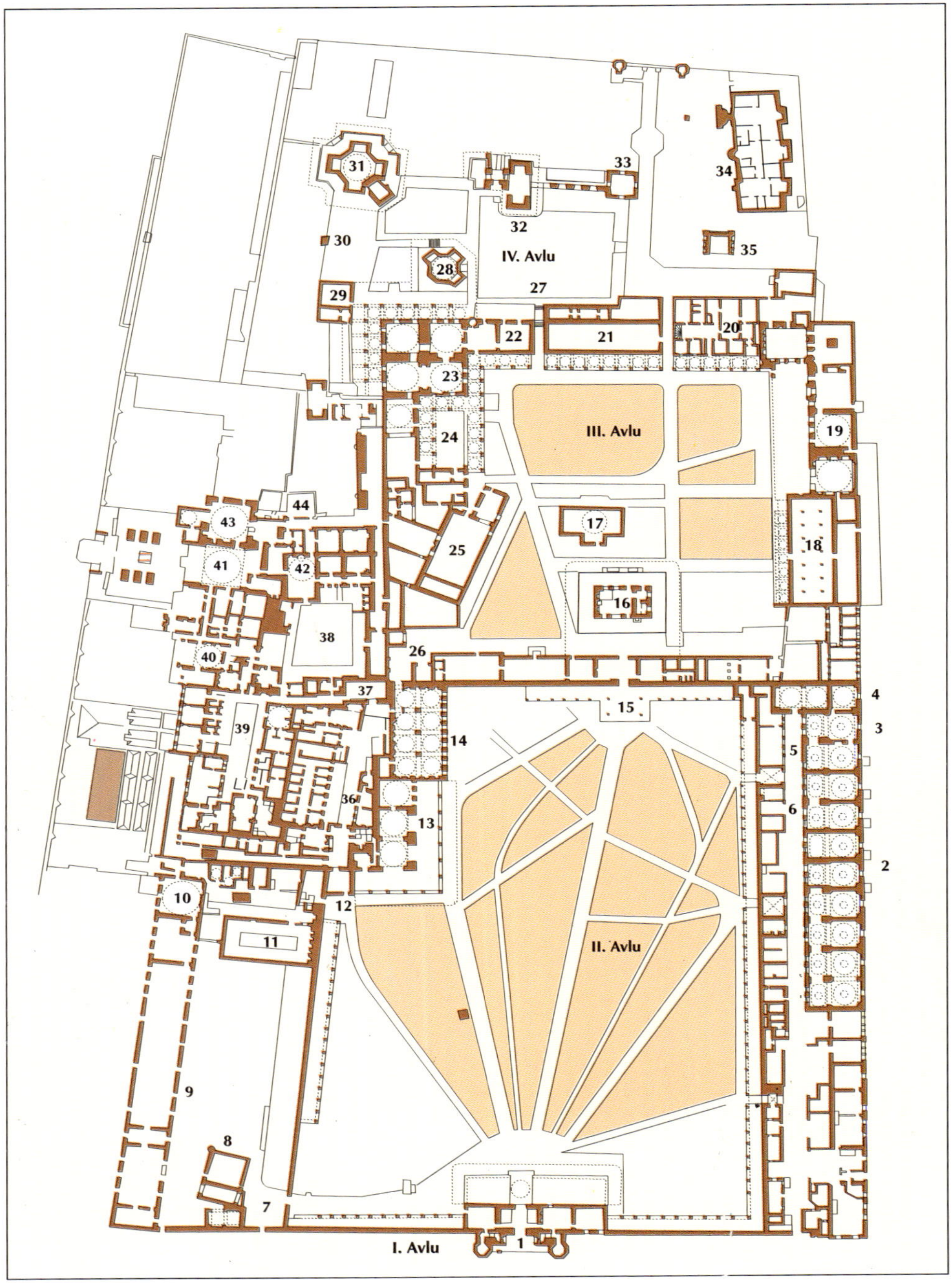

Turm der Gerechtigkeit, Topkapı Palast und Kubbealti, Versammlungssaal des Staatsrates

Festlicher Schild aus dem Jahr 1470, dunkelrot mit Grundmotiven aus Silberfäden gearbeitet, in der Mitte aus Eisen.

Festlicher Schild aus dem Jahre 1570, mit Blumenintarsien geschückt, heilige Verse um das eiserne Mittelstück.

Zeremonialschild, Flechtarbeit um schalenförmiges Mittelstück aus Eisen, 16. Jahrhundert.

Vergoldeter Helm aus Kupfer, 16. Jahrhundert.

Vergoldete Rosstirne au Kupfer, mit Seitenteilen, 16. Jahrhundert.

Hümayun- Gebäudeabschnitt. Das letzte Zimmer wurde als Archivraum genutzt. Im Jahre 1665 erlitt das Kubbealti-Gebäude Feuerschaden, der unter Sultan Mehmet IV. beseitigt wurde. Wie aus Inschriften hervorgeht, haben die Sultane Selim III, und Mahmud II.

ebenfalls Reparaturen veranlasst, in den Jahren 1792 und 1819. Der aus dem 16. Jahrhundert stammende Säulenhallen-Abschnitt wurde im 18. Jahrhundert durch ein im Rokoko-Stil verziertes Vordach aus Holz ergänzt und entsprechend erneuert. Vom Fenster eines Zimmers über dem Kubbealti pflegte der jeweilig Osmanenherrscher die Ratsversammlungen zu verfolgen. Hier diskutierten der Grosswesir, die Staatskanzlei-Wesire und die Heeresrichter (Kazasker) von Anatolien und Rumelien die anstehenden Fragen und fällten eine gemeinsame Entscheidung.

Die Grosswesire empfingen hier die ausländischen Gesandten. Es gab Empfänge und viele andere dem Protokoll unterliegende Veranstaltungen. Der Bau östlich des Divan-Gebäudes ist die Äussere Schatzkammer. Dieser Schatz wurde für staatliche Ausgaben verwendet und von den Grosswesieren verwaltet. Das heute als Waffenmuseum dienende achtkuppelige Gebäude stammt noch aus der Zeit Süleymans des Prächtigen. Hier sind türkische und iranische Waffen und solche aus der Mameluckenzeit zu sehen. Der schmale Weg, der neben dem Kubbealti-Bau nach unten geht, führt zu den Marställen. Hier waren die Ställe, in denen die herrschaftlichen Pferde untergebracht waren. Am nördlichen Ende dieser Stallungen liegt die Schatzkammer für das kostbare, juwelengeschmückte Pferdegeschirr des Sultans. In diesem Teil des Hofs befinden sich ausserdem die Wache der Hellebardiere und die Besir Aga-Moschee.

Auf der rechten Seite des Zweiten Hofs sehen wir die ehemaligen Palastküchen. Drei Türen führen hinein. Diese Küchen sind ursprünglich mit dem Palast gebaut, jedoch später von Süleyman dem Prächtigen erweitert worden. Die durch einen Brand im Jahre 1574 zerstörten

Wandteller aus dem Jahr 1894 mit Portrait von Sultan Selim III. in den Kasernen von Selimiye.

Yıldız Porzellan, Teller
“Zor

enportrait, 1894 von
ılt.

Wandteller, Yildiz-Porzellan, mit Portrait eines Sultans und Anscihten von Uferschlösschen.

Çeşm-i Bülbül Glasartikel. Kühleis-Flaschen in Flakonform (Karlik) wurden als Fruchtsaftgetrank-Karaffen verwendet. Diese Karaffe besteht aus blauem und weissem Glasfiligram, Çeşm-i Bülbül genannt. Der runde Verschluss auf dem Glaskörper öffnet sich in einen äusseren Eisbehälter, der die innere Flasche, die Scherbett enthält, umgibt, daher der Name: Eisflasche.

Wand – Porzellanplatte, Yildizporzellan: Landschaft mit Mädchen.

Teile der Küchen wurden unter der Leitung des Architekten Sinan repariert. Die Gebäude werden nun als Öldepot, Vorratskammer, Palastarchiv und Tuchkammer genutzt.

Die zur Zeit Süleymans hinzugefügten und aus vier Teilen bestehenden Küchentrakte Helvahane und Serbethane (Konditoreien für Süsswaren und Früchtedesserts faszinieren durch ihre türkischen Küchenutensilien, bereichert durch osmanisches Yildiz-Porzellan und Gegenständen aus Glas. Unter diesen fallen insbesondere die blaugestreiften "cesme-bülbül" gemusterten Glaswaren und die mit Sultansportraits geschmückten Tassen und Teller auf. In dem ursprünglichen Küchentrakt selbst sind heute die chinesischen und japanischen Porzellansammlungen des Serails ausgestellt.

Lassen Sie mich nun etwas mehr über die weltberühmten Chinaporzellanwaren-Sammlung berichten.

Chinesisches und japanisches Porzellan

Vom 9. Jahrhundert an wurde chinesisches Porzellan in den Mittleren und Nahen Osten exportiert; später gelangte diese Ware auf der Seidenstrasse weiter bis nach Anatolien und an den Osmanischen Hof. Die heutige Chinaporzellan-Sammlung des Topkapi-Palastes enthält 10.358 Stücke, von denen eine ganze Reihe in den alten Palastküchen ausgestellt ist. Diese Porzellansammlung bildet eine unter den drei wichtigsten Sammlungen der ganzen Welt. Darüber hinaus breitet sich vor unseren Augen eine Sammlung aus, in der Stücke vom 13. bis zum 19. Jahrhundert in ununterbrochener Reihenfolge repräsentiert sind und die damit die geschichtliche Entwicklung der chinesischen Porzellanware vollständig darstellt. Die Sammlung ist in verschiedene Gruppen eingeteilt: Aus den Dynastien der Yuan, Ming und Qing Seladon-, blau-weisse, einfarbige und mehrfarbige Stücke. Aus der Zeit vom 13. bis 16. Jahrhundert gibt es einen wichtigen Teil von 1354 Stücken aus grünlasiertem Seladon, von dem man annahm, dass es bei Gebrauch das etwaige Vorhandensein von Gift in einer Speise schnell und sicher anzeigte. Es gibt darunter verschiedene Formen wie Teller, Schalen, Vasen und Kannen. Als Schmuckmuster findet man z.B. Drachen, Greifenvögel, Fische, Wolken und Rosetten. Den höchsten Grad der Vollkommenheit erreichte das chinesische

Seladon Teller aus der Ming Dynastie, 15. Jh.

Feldflasche (Seladon) aus dem 14.-15. Jh., osmanische Metallarbeit schuf sie aus einer Wasserkanne.

Weihrauchgefäß, späte Ming Dynastie, mit zusätzlichen Metallarbeiten aus osmanischer Zeit, 17. Jh.

Porzellanschüssel mit Deckel. Der Deckel und die Schüssel sind chinesisches Porzellan aus verschiedenen Epochen. Die Dekoration ist das Werk des osmanischen Hofjuweliers. Die weisse Porzellanschüssel ist verziert mit großen Blättern, aus Golddraht gewunden und im durchlöcherten Porzellan befestigt. Höhe: 17.5 cm, Durchmesser: 15 cm, zweite Hälfte des 16 Jhdts.

Porzellan im 14. Jahrhundert durch die Verwendung von Kobaltblau. Mit Hilfe dieses Materials erzeugte man in der Yuan-Periode das erste blau-weisse Porzellan. Die China-Porzellansammlung vom 14. bis 19. Jahrhundert enthält 5.373 Stücke blau-weissen Porzellans. Dazwischen befinden sich auch vierzig blau-weisse Porzellanstücke aus der Zeit der Yuan-Dynastie, von denen es weltweit nur zweihundert gibt. Diese Tatsachen beweisen die weltweite Bedeutung der Sammlungen im Topkapi-Serails. In dieser Periode ist der Blauton dunkel und schwarz gesprenkelt. Man findet auf diesen Porzellangefässen in Form von grossen Schüsseln, Tellern, Schalen, Vasen und Feldflaschen u.a. Pflanzenornamente und Motive aus der Mythologie wie Drachen-, Phoenix- und Chi-ling-Figuren. Aus der Ming-Zeit stammen 54 blau-weisse Stücke; eines davon ist unter dem Namen "Annam-Vase" (aus dem heutigen Vietnam)

erwähnenswert. An einfarbigen Stücken gibt es weisses, gelbes und dunkelblaues Porzellan. Mit der Herstellung von mehrfarbigem Porzellan begann man zu Beginn des 16. Jahrhundert. In der Sammlung befinden sich rote, grüne und rosafarbene Porzellangegenstände. Im 16. Jahrhundert hat man das vom Sultan verwendete chinesische Porzellan in den osmanischen Juwelierwerkstätten durch goldene Einfassungen verziert; von derartigen Stücken enthält die Sammlung 273 Gefässe. Auch die Motive auf den chinesischen Porzellanstücken beeinflussten die osmanischen Künstler. Man kann das u.a. an den blau-weissen Iznik-Fliesen beobachten. Neben der China-Porzellanware besitzt der Topkapi-Palast auch 600 Stücke japanischen Porzellans, bestehend aus grossen Gefässformen von Tellern, Vasen, Schalen und Vorratsbehältern.

Diese Schüssel aus der Ming-Zeit ist von osmanischen Künstlern mit Golddraht und wertvollen Steinen ausgeschmückt worden. 16. Jh., 14,5 Durchmesser, 7 cm Höhe

Weisse Porzellan-Wasserkanne mit Goldstöpsel, gravierte Goldfassung mit Rubinen und Türkisehen, China 15. Jahrhundert, D. 33x9,5 cm.

Chinesisches Porzellan. XIV. Jh. Durchmesser 46 cm. Die Darstellung zeigt einen von Felsen zu Felsen springenden Ch'i-lin, der von Bambus, Bananen, Wassermelonen, Lotusblumen und Hibiscuspflanzen umgeben ist. um diese Darstellung ist ein Band, was sich am Rand wiederholt.

Blau-weiße Bodenvase 14. Jh. Höhe: 71 cm. Die Bodenvase war eine der populäreren Formen der chinesischen Kunst. Die Vase ist rundherum mit Päonienblumen und Blättern verziert. Der Silberverschluß ist aus der osmanischen Zeit aus dem 18. Jh.

Teller; blaue Komposition, 1449, mit dem Zeichen des Meisters, Durchmesser 43-43,5 cm Frühes 15. Jh.

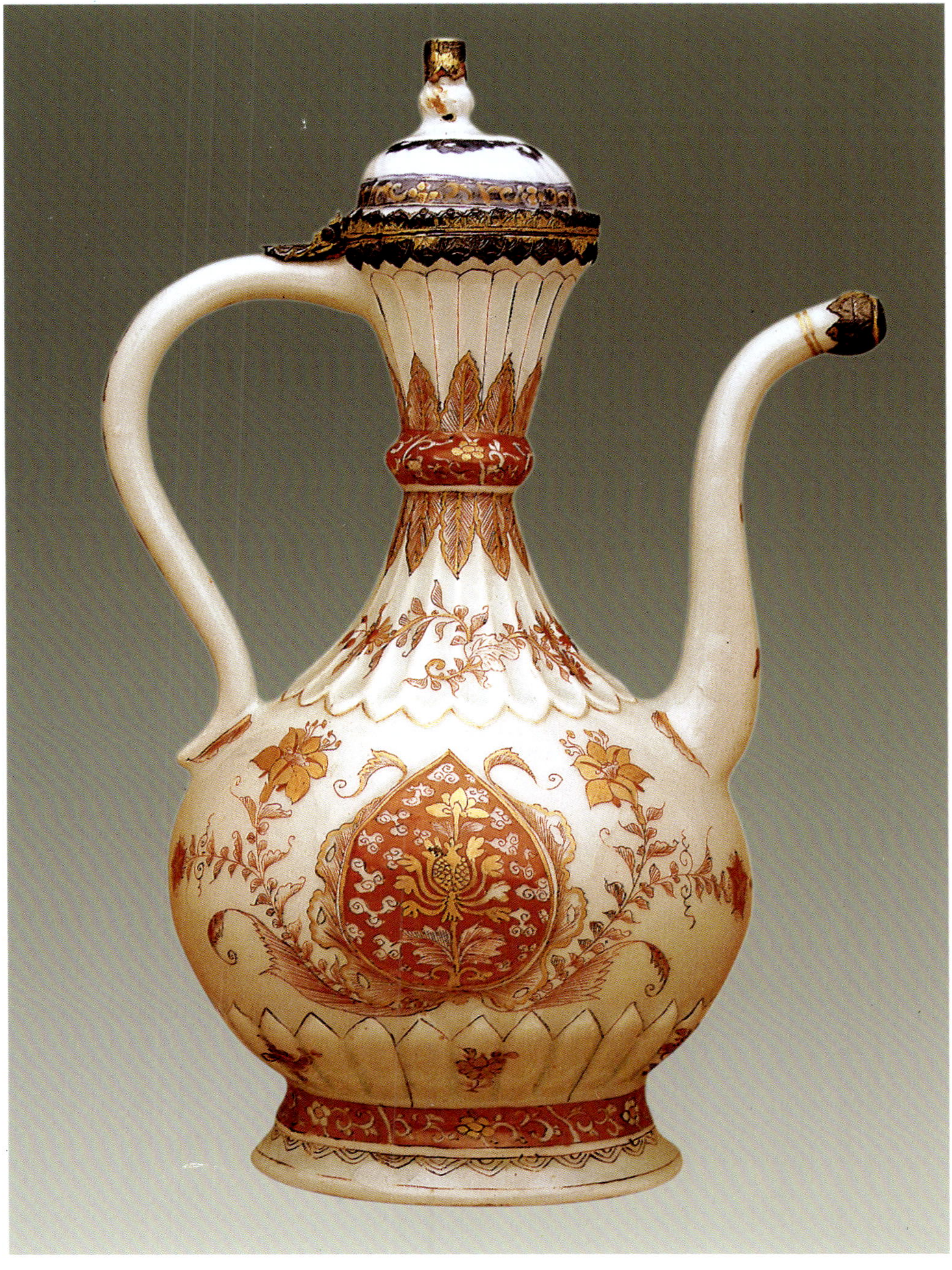

Kanne mit Lotus-Blumen-Muster, rotem Emaille und Goldstaub, osmanischer silberner Tülle und unpassendem Dckel Qing Herrschaft, 1710-1730, Höhe: 32,5 cm.

Wasserkanne mit Pfauen-und Päonien – Design, Emailglasur und Gold, Ming-Dynastie, 16. Jahrh.

Grosser Teller mit unterglasur-kobaltblauem und überglasur-polychromem Email-Design von Blumen in einer Vase, Japan, Arita 1700-1740, D. 55 cm.

Portrait von Sultan Selim III. am "Akağalar Tor" während einer Feiertags (Bayram) - Parade

Der Dritte Hof

Der Weg vom Zweiten zum Dritten Hof führt durch das Tor Bab`ü-Saadet (Tor zur Glückseligkeit). Die Thronbesteigung der osmanischen Herrscher begann vor diesem Tor; hier nahm der neue Sultan die Glückwünsche der Honorationen entgegen. Die religiösen Feiertagszeremonien fanden hier statt - und die Beerdigungsfeierlichkeiten für die Herrscher begannen ebenfalls hier. Die weissen Eunuchen (Kaukasier) wachten und residierten an diesem Platz, weswegen man das Tor Akagalar Kapisi (Tor der weissen Eunuchen) nannte. Es führte zu dem zur inneren Organisation des Palastes gehörenden Enderun Meydani (Innerer Serailplatz).

Das Tor, ursprünglich zusammen mit dem Palast erbaut, zeigt sich seit langem im Rokoko-Stil. Es war unter den Sultanen Abdülhamid I. und Mahmud II. im Jahre 1775 dahingehend verändert worden. Hier liegen der Audienzsaal, die Bibliothek Ahmets III., in der östlichen Ecke die Leibwachenkammer der Sultane, eine Moschee und in der südlichen Spitze - die sich zum Säulengang hin öffnet - die Gemeinschaftsunterkünfte der Pagen der Palastschule. Der Audienzsaal - hinter dem Tor der Weissen Eunuchen - stellt eines der ersten Gebäude des Palastes dar: Sultan Mehmet Fatihs Befehl bestätigt das. Er soll folgendes angeordnet haben: “Zunächst muss ein Audienzsaal gebaut werden. An vier Tagen in der Woche sollen meine Wesiere, meine Heeresrichter und mein Schatzkämmerer hier zusammenkommen.“ Der grosse Saal, der daraufhin entstanden war, diente den Osmanenherrschern als Räumlichkeit für Verwaltungsangelegenheiten und Feierlichkeiten. Die Thronbesteigungen der Sultane und die Empfangszeremonien für Gäste und ausländische Botschafter fanden hier statt. Der Audienzsaal hat sich, dank einiger Reparaturen, die bis zum Beginn des 19. Jahrhunderts durchgeführt worden waren, bis heute

Bibliothek von Sultan Ahmet III., (1719)

Brunnenanlage vor der Bibliothek Ahmets III., 18. Jahrh.

Lyra – Tischuhr in franz. Louis XVI. – Stil, Paris, 1790.

Uhr aus Jade, in form eines Greifen, Geschenk des russ. Zaren Nikolaus II. an Sultan Abdülhamid II.

Wanduhr. Diese vergoldete Uhr aus Silber ist eine der ersten bekannten osmanischen Uhren. Sie wurde von osman. Meistern, mit arabischen Ziffern, hergestellt. Mitte 17. Jahrh. D. 18 cm.

Osmanische Wanduhr, 17.Jh. geschmückt mit Rubinen Smarragden und Türkische.

erhalten. Die Innenarchitektur wurde zuletzt im Jahre 1856 - im Empirestil - erneuert. Hinter dieser Räumlichkeit, inmitten des Hofs, steht ein Pavillon, die Bibliothek Ahmeds III. Zu dem, im Tulpenzeitalter, 1719 errichteten und als osmanische Staatsbibliothek dienenden Bau führen von zwei Seiten Marmortreppen. Ein Brunnen davor ziert die Umgebung.

Die Innenwände sind mit Fliesen bedeckt; die Schrankeinbauten glitzern wie schmuckbehängt durch Perlmutt- und Schildpatteinlagen. Rechts, neben der Tür, ist der Sitz des weissen Obereunuchen. Das sich weiter weg in der Ecke befindliche Hamam (Türkisches Bad) Sultan Selims II. wurde später zur Palastschule umfunktioniert, in deren die Kleider und Überwürfe der Sultane gewaschen wurden. Heute sind dort die Sultansgewänder zur Besichtigung ausgestellt. Die als Fatih-Pavillons bezeichneten Salons fungieren heutzutage als Schatzkammer-Abteilung. Von dem angrenzenden Hamam wurde ein Raum ebenfalls für die

Schatzkammersektion reserviert. Der Verwaltungstrakt neben der Schatzkammerabteilung diente in osmanischer Zeit als Gemeinschaftsunterkunft des Küchenpersonals. Hier war das Quartier für das Personal des Sultans, das seine Speisen zubereitete und die Tafel herrichtete. Daneben liegen die Räume der osmanisch-kaiserlichen Schatzkammer-Pagen. Im Gebäude der Waffenmeister-Schatzkammer, das mit dem Leibwachenlokal verbunden ist, kann man die Uhrensammlung des Topkapi-Serail besichtigen. In dieser Sammlung befinden sich die interessantesten türkischen, deutschen , österreichischen, französischen und schweizerischen Uhren.

In der nordöstlichen Ecke des Innenhofes steht ein Bau, der als Hirka-i-Saadet (Kammer der Reliquien) bezeichnet wird. Hier befand sich früher ein eigener Raum der Sultane, der Krönungssaal. Dieser Saal wurde, nachdem die Kalifenwürde auf den jeweiligen osmanischen Herrscher übergegangen

Miniatur, den Empfang Barbaros Hayrettin Paschas (Eroberer von Algerien) durch Süleyman den Prachtigen darstellend. Das Bild ist aus dem Werk "Süleymanname", verfasst durch Arifi, entnommen; das buch ist gebunden, der Deckel von dem Künstler Karamani dekoriert. Schrift und Illustration stellen eine der wertvollsten Arbeiten der osman. Hofschule dar. Die äusserst feinen Miniaturen, 68 an der Zahl, beinhalten: Empfangsszene, herrschaftl. Audienzen, Feldzüge, Jagdgesellschaften, musikalische Unterhaltungen und andere höfische Unternehmungen. Der sultan sitzt auf einem goldenen Thron. Juni 1558, 23x13,5 cm.

Süleyman der Prächtige, den Prinzen von Transsylvanien empfangend; aus dem Manuskript: "Nüzhet el – Ahbar der Sefer-i Sigetvar", das den Ungarn-Feldzug Süleymans und die Nachfolge durch Selim II. beschreibt. Das Werk wurde von Ahmet Ferudun Pascha verfasst und von Nakkaş Osman mit 20 Miniaturen Illustriert.

Sultan Süleyman der Prâchtige, auf seinem Thron sitzend, aus dem Werk "Süleymanname" des Arifi, 1588.

Medresse (Islamische Hochschule) von Gazanferağa, aus: Divan-I Nadiri, 1618-1622.

Miniaturen aus dem Werk "Surname i Hümayun".

Diese Malerei stammt aus dem Surname, das das 52 Tage dauernde Beschneidungsfest, 1582 von Murad III. Für seinen Sohn Mehmet veranstaltet, beschreibt. Der Festakt fand auf dem Atmeydani (Hippodrom), d.h. auf dem Sultanahmet-Platz statt, wo alle Handwerkskunst-Gilden ihre Aufwartung machten. Das Originalwerk war ursprünglich

illustriert durch 252 doppelseitige Miniaturen, ausgeführt durch osmanische Hofkünstler, unter der Leitung von Nakkas Osman. 215 Bilder sind noch vorhanden. Unter ihnen gibt es die Parade der Tuchmacher (Kemha-Weber), hier dargestellt. Aud der oberen linken Seite sind die Aussichtsgalerien des Ibrahim Pascha Palastes mit dem Sultan und seinem Gefolge zu sehen; gegenüber erscheint eine Tribüne für einheimische und ausländische Gäste.

Sultan Süleyman I. (der Prächtige) während einer Festparade vor dem Eingangstor (Bab-üs Saade).

Festparade von Surname-i Vehbi, Levni 1720.

war, seit dem 16. Jahrhundert für die sichere Verwahrung der Reliquien bereitgestellt. Neben diesem Reliquienschrein befand sich die kleine Leibwachen-Moschee des Sultans, nur dem Herrscher dienend. Hier sind in unseren Tagen die Portraits der osmanischen Sultane ausgestellt. Im innersten Palastinnenhof (Enderun Avlusu), nordwestlich des zweiten Hofs finden wir die Kushane-Tür des Harems. Neben dem den Zugang zum Innenhof sichernden Weisse-Eunuchen-Tor befindet sich, in dem ehemaligen Quartierräumen der Eunuchen, die Sektion der Ausstellung von osmanischen Stickerei- und Lederarbeiten. Der innerste Hof des Topkapi-Palastes birgt drei bemerkenswerte Museumsabteilungen: Sultansgewänder, Schatzkammer-Gegenstände und Reliquien. Ich werde diese nacheinander näher vorstellen.

Portrait von Sultan Murad III. (1574-1595), öl.
Portrait von Yavuz Sultan Selim (1512-1520)), öl.
Portrait von Sultan Selim III (1789-1807)), öl.

Kaftan-Gewänder der Osmanischen Sultane

In der Kaserne der Feldzugspagen sind die Kaftane der Herrscher und osmanische Stoffe ausgestellt. Die getragenen Gewänder sind aufbewahrt worden, weil die Osmanen als Sultan gleichzeitig das Amt des Kalifen innehatten; auf diese Weise entstand eine ganze Sammlung. Die Gewänder eines verstorbenen Sultans wurden in ein Einschlagtuch gepackt, auf dem der Name des bisherigen Besitzers vermerkt wurde. Aus diesem Grund ist heute sicher, welchem Osmanenherrscher die Gewänder gehört haben. Neben diesen Kaftanen, einer schöner als der andere, haben sich bis auf den heutigen Tag auch interessante Talisman-Hemden und Kindergewänder erhalten. Die meisten Kaftane wurden aus türkischen Stoffen gefertigt; daneben gab es jedoch auch welche aus persischen, italienischen und spanischen Geweben.

Die Kaftan-Gewänder wurden in den Ateliers des Palastes nach von den höfischen Kunststickern entworfenen Mustern gewoben. Die in den Ateliers von Bursa und Istanbul gewebten Seidenstoffe erlangten Weltberühmtheit. Die Kaftane der osmanischen Herrscher wurden natürlich aus sehr wertvollen Stoffen genäht, wie z.B. aus broschierter Seide, aus Samtbrokat, aus mit Gold- und Silberfäden besticktem Seidenstoff, aus geblümten Seidenstoffen oder Atlasseide.

Die Sultansgewänder wurden in chronischer Reihenfolge, von Sultan Mehmet Fatih an bis Sultan Mehmet Resad aufbewahrt. Die Kleidung der letzten Osmanenherrscher wandelte sich durch europäischen Einfluss; sie bestand aus Jacke und Hose. Die herkömmlichen Kaftangewänder wurden jedoch auch weiterhin getragen. Der Schnitt der Kaftane blieb über Jahrhunderte unverändert, bis auf Änderungen in den Details. Kaftangewänder mit richterrobenähnlichem Kragenschnitt, vorne offen, mit weiten langen Ärmeln, die Innenseite mit einfarbiger Seide

Kaftan aus Samt (Catma) von Fatih Sultan Mehmet (der Eroberer)

Kaftan von Şehzade Mehmet, 16 jh.

gefüttert, wurden zu allen Zeiten bevorzugt. Zu besonderen Tagen und Festlichkeiten pflegten die Padischahs ausgefallene Modelle zu tragen; diese stellten besonderen Prunk und ausgewählte Schönheit zur Schau. Ansonsten sind die Sommerkaftane aus dünnem und die Winterkaftane natürlich aus dickem Stoff, letztere mit Pelz gefüttert. Der Serenk-Kaftan Mehmet Fatihs, der Kaftan Bayezids II. aus broschierter Seide, ein Kaftan Selims II. aus Seidenbroschur und einer aus gold-silber-bestickter Seide, die pelzgefütterten Samtbrokatkaftane Mehmeds III. und Murads II. haben sich bis in unsere Zeit unversehrt erhalten. Bei den Serenk-Kaftanen ist der broschierter Seide ähnliche Stoff in folgender Beziehung anders: Anstelle der broschierten Fäden werden gelbe glänzende Seidenfäden verwendet, die wie Goldfäden aussehen. Die Serenkstoff-Kaftane Bayezids II. und Selims I. sind die schönsten Beispiele ihrer Gewebeart. Einen besonderen Platz in der Kaftan-Sammlung nimmt das Gewand des Prinzen Mehmed ein; es ist aus dünner, dicht gewebter Seide, einfarbigem, glänzendem Atlas. Es gibt auch einfachere Kaftane aus Seide, wie z.B. die Murads III. und Ahmets I. Ausser den oben genannten Kaftan-Gewändern gibt es in der Sammlung noch viele aus anderen Stoffen hergestellte. In der Abteilung der 1550 Kleidungsstücke sind die schönsten Beispiele natürlich die Sultanskaftane.

Daneben kann man in dieser Sektion auch etwa vierzig Teppiche mit iranischen Mustern, Gebetsteppiche und osmanische Stoffmuster bewundern.

Miniatur von Sultan Selim II. (1570)

Kaftan des Prinzen Bayezid aus Seidensamt. Die Muster sind mit blauen, dunkelbraunen, roten, weißen und goldenen Seidenfäden ausgestickt. Lange 148 cm, Mitte des 16. Jh. (1481-1512).

Teil eines Kaftan aus Seidenbrokat von Prinz Bayezid.

Kurzärmeliger Kaftan, traditionell Osman III. Zugerechnet, wahrscheinlich aber Osman II. zugehörig. Seidenbrokat mit Pflanzenmuster mit schweren, welligen Stielen, die stilisierte Paradiesäpfel und Zypressen-oder Pinienzapfen tragen.

Kemha-Kaftan. Dieser kragenlose Kaftan, vorne offen, langärmelig, ist dekoriert im "Saz"-Stil mit einer verschwenderischen Fülle und von polychromen Blättern und "Hatayi"-Blüten auf cremefarbenem Grund. Seidenbrokat aus den Hofwerkstätten. Wahrscheinlich den Söhnen Süleymans I., Kronprinz Bayezid und Kronprinz Mustafa, zugehörig.

Die Schatzkammer - Abteilung

Heutzutage ist die Sammlung der Schätze des Topkapi-Palastes in den drei als Fatih-Pavillons bezeichneten Räumen und einem angebauten vierten Raum ausgestellt. Nach der Eroberung von Konstantinopel (Istanbul) war ein Teil des osmanischen Reichsschatzes für eine gewisse Zeit in der Burg der Sieben Türme (Yedikule Hisari) verwahrt und später hierher gebracht worden. Die hier ausgestellten äusserst wertvollen Gegenstände stellen eine Art Kronschatz dar. Neben diesen gab es im Osmanischen Reich eine Reihe von weiteren gesammelten Schätzen. Eine dieser Sammlungen - die Äussere Schatzkammer - befand sich in dem Gebäude, das heute als Waffenkammer-Sektion genutzt wird. Ausserdem gab es eine Botschafter-Schatzkammer für die Unterbringung von Geschenken ausländischer Gesandter. Zu erwähnen ist auch der früher in den Marställen untergebrachte Schatz von juwelengeschmückten, gold- und silberbeschlagenen Pferdegeschirren der osmanischen Sultane. Lassen Sie mich nun ein wenig näher auf die Entstehung der augenfälligsten und weltberühmten Schatzkammer-Sektion des Topkapi-Serails eingehen. Der aus der Zeit des Sultans Mehmet Fatih stammende Schatz wurde durch die von Sultan Selim I. aus dem Iran und Ägypten mitgebrachte Kriegsbeute enorm bereichert. Sultan Yavuz Selim soll deswegen folgendes gesagt haben: Meine von mir gefüllte Schatzkammer soll, wenn jemand von meinem Stammbaum sie mit Münzen füllt, mit seinem Siegel verschlossen werden - andernfalls soll die Versiegelung weiterhin mit meinem Siegel vorgenommen werden. Wie das Schicksal es wollte, die Schatzkammer wurde auch in den folgenden Zeiten des osmanischen Reichs weiterhin nur mit dem Siegel des Sultans Yavuz Selim verschlossen. Die Kammer mit den Schätzen wurde jeweils durch einen aus den Schatzkammer-Bediensteten gewählten Ausschuss geöffnet und auch durch diese Personengruppe

Eisenhelm aus dem 16 jh. mit Goldscheiben und Edelsteinen geschmückt.

Mit Edelstinen besetzte Rüstung von Sultan Mustafa III. (1757-1774)

Aigrette des Sultans, aus dem 18. jh., 28 cm. breit. In der Mitte ein 4x5 cm. großer Smaragd. Darüber ein 3 cm. großer Rubin, in Diamanten gefaßt. Trägt den Schmuck von 9 Diamanten. Oben befindet sich eine Art Diadem aus Perlen. Vom Mittelstück aus verlaufen rechts und links zwei mit Diamanten besetzte Zweige.

Thron Ahmet I. Dieser Thron ist das Meisterwerk des Intarsien-Meisters und Architekten der Blauen Moschee, Mehmet Ağa. Der Thron ist aus Eichenholz mit vielen Edelsteinen und Perlmutt besetzt. Der Baldachin ruht auf vier Füßen, Die Kuppel ist reich mit Edelsteinen verziert.

Vergoldete Prinzen-Wiege für neugeborene Prinzen. Die Wiege ist aus Holz gearbeitet und mit vergoldeten Silberplatten belegt. Die Aussenseite ist mit Blumenmustern geschmückt und mit Smaragden, Diamanten und Rubinen besetzt. Innerhalb der Wiege gibt es eine Decke aus rosa und weisser Seide, mit Perlen, Rubinen und Smaragden bestickt. Masse: 1,34 x 1,34 m. Zur Wiege gehören neun silberbeschlagene Stäbe, vier davon sind mit edelsteinbesetzten Goldbekrönungen an jedem Ende dekoriert. Die Wiege, mit purpurfarbenem Samt eingefasst, ist mit ihrer Ausrüstung ein schönes Beispiel osmanischer Metall-und Einlegearbeit aus dem 17. Jahrh. Die Wiege wurde benützt, um das neugeborene Kind dem Vater, d.h. dem Sultan, zu zeigen.

wieder geschlossen. Die osmanischen Sultane liessen diese aus Erinnerungsstücken der Vorfahren bestehende Schatzsammlung bei der Thronbesteigung öffnen und besichtigten sie im Rahmen einer feierlichen Zeremonie die Sultane bemühten sich sehr darum diesen Schatz zu vergrössern. Wertvolle Gegenstände und Geld gelangten auf sehr verschiedenen Wegen in diese Kammer. Die wertvollsten Stücke einer Kriegsbeute wurden z.B. immer dem Schatz einverleibt. Ausser diesen bildeten die Empfangsgeschenke neuer ausländischer Botschafter und die Geschenke anlässlich von Thronbesteigungen die wichtigsten Quellen der Vergrösserung des Schatzes. Zudem gelangten aus Anlass von Geburten von Prinzen, ihren Beschneidungsfesten oder auch anlässlich von Prinzenhochzeiten viele wertvolle Geschenke in die Schatzsammlung. Künstler fertigten Musterbeispiele ihrer Kunst an, um sie dem jeweiligen Herrscher zu überreichen. Er gewährte ihnen dafür Föderung und Hilfe. Der Nachlass entlassener oder hingerichteter Hofbeamter fiel ebenfalls dem

Thronsessel für Zeremonien. Dieser Thron wurde von dem Meister der Hofgoldschmiede, İbrahim Bey, 1585 auf Anordnung des damaligen Großwesirs İbrahim Paşa gefertigt und Murad III. als Geschenenk übergeben. Der Thron besteht aus einem Walnußrahmen und ist mit Goldplaketten geschmückt, insgesamt zehn.

Staatsschatz anheim. Einen weiteren Zufluss von Schätzen brachten die von der Schatzkanzlei käuflich erworbenen Gegenstände. Daneben pflegten die osmanischen Sultane für das Grab des Propheten wertvolle Gegenstände fertigen und diese als Geschenk an die Kaaba schicken zu lassen. Nachdem jeder Osmanenherrscher eine ganze Reihe von aussergewöhnlich wertvollen Gegenständen zum Grab des Propheten geschickt hatte, waren diese dort sehr zahlreich geworden. Während des 1. Weltkrieges überfiel Fahreddin Pasa (General Fahreddin) grosse Besorgnis über das zukünftige Schicksal dieser prunkvollen Gegenstände - wegen der Eroberung des Gebietes durch fremde Mächte. Er liess die gestifteten Stücke nach Istanbul in die Schatzkammer des Serails bringen, wo sie bis heute zu sehen sind. Bei einigen Ausstellungsgegenständen handelt es sich um Geschenke, die im Rahmen eines Geschenkaustausches zwischen Sultan Mahmud I. und dem iranischen Schah Nadir an den Hof in Istanbul kamen. Nach dem Friedensschluss, der langen

Der Thron des Schahs Nadir. Dieser Thorn ist eine Geschenk des Schahs von Iran an Mahmud I (1730-1754). Vier vasenförmige, ausgebauchte Säulenfüße, 46 cm hoch, tragen den verbreiterten Sitz, an den Seiten mit halbovalen Lehnen versehen und mit diesen von sieben niedrigen Paneelen umgeben, an der Vorderseite offen und in ein halbrundes kleeblattförmiges Rückenstück dahinter mündend.

Der Pfeilbehälter ist aus grünem Samt, der mit vier großen und 4 kleinen goldenen Schmucktplättchen verziert ist. Auf diesen Schmuckplättchen befinden sich Smaragde, Rubinen und Diamanten. Der Behälter ist mit Gold eingefaßt. Auf der Rückseite sind rote Blumen aus Ustufa-Stoff auf grünem Samt. 22x42 cm.

Goldener Pfeilbehä
und Smaragden
Pfeilb

gleichmäßig und reich mit Diamanten, Rubinen
r von den Sultanen bei Festlichkeiten getragene
aus dem 16. Jh. und mißt 31x67 cm.

Pfeilbehälter eine Längsseite ist gerade, die andere gewellt. Der beige Untergrund ist gleichmäßig mit Smaragden und Rubinen besetzt. Imn Mittelfeld sind untereinander drei große goldene mit je einem großen Smaragd und 6 Rubinen besetzte Schmuckplättchen.

Der Löffelmacher-Diamant. 70x60 mm. (mit Fässung) 42x35x16 mm. (der Edelstein) 86 Karat Eines der wertvollsten Stücke in der Schatzkammer ist der Diamant des "Löffelmachers", obwohl nicht genau bekannt ist, wie der Edelstein erworben wurde. Der Diamant hat die Form einer Bıne und ist zweizonal geschliffen, in eine goldene Fassung gesetzt und mit zwei Reihen von Brillanten geschmückt.

Pendel Selims III. mit seinem Namenszug. Das 11 cm. lange eiförmige Gehänge ist violett emailliert. In einem ovalen Medaillon ist der Namenszug Selims III. (1789-1807) mit Diamanten besetzt. Seitlich ist das Pendel

rautenförmig aufgeteilt und mit Brillanten besetzt. Über dem unteren Teil des Pendels befindet sich eine 4 cm. große mit Edelsteinen besetzte Kugel. Das Pandel hängt an drei 40 cm langen goldenen Ketten.

Der Topkapı Dolch (1741). Länge 35 cm. Dieser Dolch, Symbol des Topkapı Palastes, war für Mahmud I. im Jahr 1741 als Geschenk für den persischen Schah Nadir hergestellt worden, ging aber zurück an den Topkapı Serail als in Persien Unruhen ausbrachen.

Goldene Fest-Matara, mit Rubinen und Smaragden augschmückt.

Kristallgefäss Höhe 32,2 cm. Durchmesser 15.5 cm. mit Deckel Letztes Viertel des 16 Jh. Dieses Gefäss-matara genant war ein Zeremoniengefäss, um dem Sultan das Wasser zu servieren.

Kriegen des Iran gefolgt war, liess Nadir Schah den inzwischen weltberühmt gewordenen Thron in die osmanische Hauptstadt bringen. Sultan Mahmut I. hatte von den Palastgoldschmieden sehr seltene Gegenstände aus Gold fertigen und zur Übergabe an den Schah dem Botschafter dieses Herrschers in Istanbul aushändigen lassen. Gerade als die Karawane mit dem wertvollen Gut die persische Grenze erreichte, wurde Schah Nadir ermordet. Die Gesandten brachten die Geschenke

zurück; sie landeten ebenfalls in der osmanischen Schatzkammer. Zu dieser Geschenkgruppe gehörten u.a. auch der heutzutage im Topkapi-Serail zu besichtigende Topkapi-Dolch und ein mit wertvollen Edelsteinen geschmückter Pfeilköcher.

Alle auf solche Weise an den Hof gelangten Geschenke wurden nicht als privates Eigentum der Osmanenherrscher betrachtet, sondern in den Staatsschatz gebracht und entsprechend registriert. So entstand die in der übrigen Welt ohne Gegenbeispiel dastehende Schatzsammlung des Osmanischen Reichs. Sie wird heute von Menschen aus der ganzen Welt mit grossem Vergnügen und unter ungläubigem Staunen besichtigt. Die wertvollen Kunstgegenstände waren zunächst in Schränken aufbewahrt worden. In der Zeit Sultan Abdulmecids (1839-1861) wurde ein Teil der Schatzgegenstände zur Ausstellung freigegeben. Unter dem nachfolgenden Herrschern blieb diese Weisung bestehen. Die heute in der Schatzkammer zu sehenden Gegenstände stammen zum größten Teil aus der Zeit vom 16. bis 19. Jahrhundert. Daneben finden sich, wenn auch wenige, Beispiele aus der byzantischen, der seldschukischen und der Mamelucken-Ära. Nun möchte ich im Einzelnen auf die prachtvollen Gegenstände - als Gruppen betrachtet - eingehen.

Throne: Die die meiste Aufmerksamkeit auf sich ziehende Gruppe in der Schatzkammer ist die Thronsessel-Sammlung. Ein Thron davon, aus Ebenholz gemacht, stammt aus dem 16. Jahrhundert. Die Oberflächen der Rückseite und der Seitenteile sind mit Einlegearbeiten aus Elfenbein und Perlmutt geschmückt. Die Muster bestehen aus Rumi-, Palmetten- und Cintemani-Motiven. Der leicht auseinanderzunehmende Thronsessel wurde mit grosser Wahrscheinlichkeit von Sultan Murad IV. auf seinem Bagdad-Feldzug benutzt. Ein zweiter Thron aus Holz ist der Sultan-Ahmet-Thron oder Arife-Thron genannte Aufbau. Der in Form eines Baldachin-Sitzes

Trinkbecher mit Deckel aus Jade, 2. Hälfte des XVI. Jh. Der weiße Jadebecher ist zylinderförming und mit einem Griff versehen. Becher sowie Deckel sind mit Smaragden und Rubinen als Blumen und mit Blattgoldfiligranarbeit dekoriert. Um den Becher sind drei Bänder. Das mittlere Band ist mit ovalen Medalillons dekoriert. Der Becher ist ringsherum mit Gold verziert. Er ist charakteristisch für die Hofschule.

Die Größe des goldenen Korans ist 309x270 mm. Der Rand, die Rosetten und die Eisenscharniere vorn und hinten sind emailliert. Auf der ersten Seite ist das Monogramm Sultan Mahmuts I. (1730-1754)

Spiegel mit Griff aus massivem Jade, durch Golddraht mit der Rückseite gesichert verbunden. Dieser endet in Drachenkopf-Figuren. Goldeinlegearbeit, mit Rubinen und Smaragden geschmückt.

Das mit einem Deckel versehene Gefäß hat gerundete Enden, ist mit runden und ovalen Medaillons aus geschliffenemn Kristall, mit Rubinen und Smaragden in Mulden des Gefäßes und Deckels verziert. Im Gefäß sind Einteilungen für Stifte und Tinte 2/22.

hergestellte Thron trägt in dem kleinen Kuppeldach den Namen Ahmeds I. als Inschrift. Dieser Thronsessel wurde von dem Architekten der Sultan Ahmet-Moschee, Mehmet Aga, konstruiert, der gleichzeitig Kunsttischler war. Der mit den schönsten Holz- und Perlmutteinlagen des 17. Jahrhunderts versehene Thron ist mit Schildpatt und Perlmutt auf Nussbaumholz verkleidet. Die Perlmuttintarsien sind mit Edelsteinen geschmückt. Das Baldachin-Kuppeldach trägt als Spitze eine juwelengeschmückte Uhr, mit einer Bekrönung aus Bergkristall. In der Kuppel ist ein Throngehänge befestigt.

Einer der wichtigsten Thronsessel ist der Bayram-Thron. Die osmanischen Sultane nahmen nach ihrer Inthronisierung auf diesem Thronsessel die Glückwünsche entgegen, ausserdem auch Glückwünsche anlässlich von religiösen (Bayram) Feiertagen. Der völlig mit Gold verkleidete Holzthron wurde vermutlich Sultan Murad III, von seinem Wesir in Ägypten, Ibrahim Pasa, übersandt. Dieses wertvolle Ausstellungsstück zieren als Schmuck nicht weniger als 954 sehr grosse Chrysolit-Steine. Das prächtigste und interessanteste Stück in der Schatzkammer-Thronsammlung ist zweifellos der Thronsessel

Nadir Schahs. Der als Schah Ismail-Thron bekannte Sessel stammt jedoch nicht von diesem, sondern von Nadir Schah, wie die letzten Forschungen ergaben; der iranische Schah Nadir hat wohl den Thron dem Sultan Mahmud I. als Friedensgabe zukommen lassen. Der Thron besteht aus Holz, mit emaillierten Goldplatten ausgekleidet. Die Aussenflächen sind auf jeder Seite mit Smaragden, Rubinen und Perlen verziert. Man vermutet, dass der Thron während eines Feldzuges des Schahs Nadir nach Indien als Kriegsbeutestück in seine Hände gelangte. Diese indische Arbeit ist als Friedenssymbol an den osmanischen Hof gelangt. Eine andere von den Besuchern aufmerksam registrierte Gruppe der Schatzgegenstände sind die Federbüsche und Aigretten. Die Federbüsche sind die Schmuckgestecke, die die osmanischen Sultane oder Prinzen an ihre Turbane hefteten. Diese Turbanzierde ist geradezu ein Symbol der osmanischen Dynastie. Die prachtvollen Schmuckstücke aus Gold mit aufgesetzten Smaragden, Rubinen, Diamanten und Perlen hat man mit einem Gesteck

Gold - und Schüttelgefäß in der Form eines traditionellen Kruges mit einem Deckel und einem S - förmigen Henkel mit Drachenköpfen. um den Krug sind 8 Kristallflächen mit Gold umrahmt.

Schüttelfasche aus Kristall. Höhe 21 cm. Letztes Viertel des 16. Jh. Dieses Gefäss-Matara genant-ist bauchig auf zwei Seiten abgeflacht und hat einen engen Hals.

Goldene Trinkfasche Höhe:28 cm. XVI. Jh. Dieses Gefäß hat eine abgeflachte Birnenform mit einem langen Hals, einem langen gebogenen Schnabel, der in einen Drachenkopf endet, und einem Henkel vom Hals bis zum unteren Ende der Bauchflasche.

aus Reiher- oder Pfauenfedern versehen und an Kopfbedeckungen, wie Turban oder Fez, geheftet Die Federbüsche eines verstorbenen Sultans wurden ihm in sein Grabmal gelegt. Später kam man darauf, sie zu sammeln und als eine eigene Gruppe in die Schatzsammlung einzureihen. Bei einer anderen Gruppe handelt es sich um Gehänge, die den Platz des Sultans anzeigten. Es handelt sich dabei um Schmuckelemente, die das Dekor der Throne und wichtiger Räume ergänzten und ein Symbol des Herrschers darstellten. Viele der sich heute in der Schatzkammer befindlichen Gehänge wurden ursprünglich für das Grabmal des Propheten

gefertigt. Die von den Sultanen Ahmet I., Mustafa III., Abdülhamid und Abdülmecid in Auftrag gegebenen Smaragdgehänge sind die auffallendsten. Die Osmanenherrscher Selim III. und Mahmut II. stifteten Gehänge aus Silber mit Emailleschmuck und Diamanten; die Herkunft der Gegenstände ist durch Inschriften und Monogramme (Tugra) beurkundet.

Eine aus der Gesamtheit hervorstehende Gruppe ist die der Kriegsrüstungen. Diese tragen Edelsteinschmuck. Ein Beispiel dafür ist die Prunkrüstungsausstattung Mustafas III. Das Panzerhemd aus Stahlnetz ist an einigen Stellen vergoldet, auch der Säbel und die Steigbügel - alles glänzt im Schmuck wertvoller Steine. Ein anderer zu dieser Gruppe gehörender wertvoller Gegenstand ist ein Prunkhelm: auch er ist mit Edelsteinen übersät. Auch Säbel, zweischneidige Dolche, verschiedenartige Krummschwerter und Keulen sind juwelengeschmückt. Sogar auf Pfeil- und Bogenköchern findet sich Diamanten-, Rubin- und Smaragd-Schmuck. In der Sammlung der Schatzkammer stossen wir auch auf folgende seltenen Wertgegenstände: Der Krummsäbel des Sultans Süleyman (mit Inschrift), der mit einem Kristallgriff versehene Dolch des Sultans Yavuz Selim und der Dolch mit Smaragdgriff, den Sultan Mehmet IV. seiner Mutter Hatice geschenkt hatte. Das berühmteste Stück in der Schatzkammer des Topkapi-Palastes ist die heute als Topkapi-Dolch bekannte Waffe. Wie bereits erwähnt, war dieser Dolch von Mahmut I. für Schah Nadir in Auftrag gegeben worden und als eines der schönsten Stücke osmanischer Juwelierkunst bekannt. In der Griffspitze des Dolches - von drei grossen Smaragden geschmückt - verbirgt sich eine Uhr mit einem Deckel aus Smaragd. Die Scheide ist aus Gold gefertigt und mit Diamanten besetzt. Die wichtigste Gruppe der Schatzkammer bilden wohl die aus Bergkristall hergestellten Gegenstände. Die in ein Gitterwerk aus Gold gefassten Bergkristallkörper sind über

Mit Silber und Gold überzogene Kaffeekanne, (19. Jh) Emaille-Verzierung franz. Ursprungs.

Goldenes Dessert-Set. Die mit Gold eingefaßten Kristallgläser mit ihren goldenen Einsätzen und Untertellern sthen auf einem goldenen Tablett. Alle Goldteile sind mit Brillanten besetzt. Es ist ein Set aus Frankreich aus dem Jahre 1879.

und über mit edlen Steinen geschmückt. Unter diesen Gefässen bzw. Behältern finden wir Gegenstände verschiedener Formen, z.B. Feldflaschen, Schnabelkannen, Schreibutensilienbehälter, Becher. Unter den aus dem Ausland gekommenen Geschenken befinden sich zwei kleine, von indischen Moslems dem Sultan Abdülasziz verehrte Statuetten, emailliert, aus grossen Perlen, mit Diamanten und Rubinen als

Schmuck; ausserdem, aus Frankreich, für Abdülhamid eine goldene Waschschüssel mit Kanne und Ständer, ein Ebenholzspazierstock aus Indien und als Geschenk des russischen Zaren ein grünes Jadegefäss. Auch nehmen - ursprünglich für die Kaaba gefertigte Öllampen, Räuchergefässe, Spritzflaschen für Rosenwasser, edelsteinverzierte Gehänge und Kerzenständer einen gewissen Raum ein. Die von Abdülmecid in Auftrag gegebenen Kerzenständer aus Gold ziehen viele Blicke der Besucher auf sich. In der Schatzkammer befindet sich u.a. auch die Gruppe juwelengeschmückter Bucheinbände.

Die zum grossen Teil aus dem 16. Jahrhundert stammenden Einbände sind mit Goldblech oder Filigran überzogen und mit wertvollen Steinen, z.B. Rubinen und Türkischen, versehen. Darüber hinaus liegt unter den die osmanische Juwelierkunst präsentierenden Gegenständen ein goldener Koraneinband der Ratsversammlung Murads III. Die dazugehörenden bestickten Koran-Einschlagtaschen - von den Prinzen beim Schulbesuch benutzt, sind eine Augenweide für sich.

In der Schatzsammlung können wir nur wenig Schmuckstücke für Frauen bewundern, weil derartige, d.h. persönliche Gegenstände natürlich nicht herausgegeben wurden. Trotzdem gibt es eine Handvoll davon zu sehen, darunter z.B. der Sterndiamant (Kevkeb-i Dürri) und der Leucht-Diamant (Sebcirag), ausserdem zweigförmige, diamantenbesetzte Broschen. Der wertvollste Schmuckgegenstand ist mit Sicherheit der sogenannte „Löffeldiamant", der in der Zeit Mehmeds IV. in Eğrikapi gefunden und vom Palast käuflich erworben wurde. Im 16. Jahrhundert hat man den 86-karätigen Diamanten mit Rubinen eingefasst.

Der Schatz der Osmanen kann wegen seines riesigen Umfangs, niemals ganz ausgestellt werden. Es bleibt deshalb nur die Möglichkeit, die Ausstellungsgegenstände von Zeit zu Zeit auszutauschen.

Ausstellungsräume für Reliquien

In der östlichen Ecke des innersten Serailhofs befinden sich die Räumlichkeiten für daen heiligen Mantel Mohammeds (Hirka-i Saadet) und andere Reliquien. Der kleine Bau war von Sultan Fatih, dem Eroberer als Leibwachenraum gebaut worden. Der erste Salon nach dem Eingang wurde nach den dort vorhandenen Brunnen die Brunnenhalle genannt. Bei dem ersten Zimmer auf der rechten Seite der Halle handelt es sich um das Arzhabe. D.h. um den Bau, in dem Bittsteller vom Sultan empfangen wurden. Das in der Ecke angrenzende zweite Zimmer ist der ehemalige Leibwachenraum mit dem Sultansthron. Auf der linken Seite der Brunnenhalle liegt das als Handtuchkammer bezeichnete Quartier der Leibwache. Die Wände aller Räumlichkeiten wurden zwischen dem 16. und dem 18. Jahrhundert mit Iznikfliesen gekachelt.

Die Holzschnitzereien an Fenstern und Türen gehören zu den schönsten Arbeiten ihrer Art. Die von dem Propheten Mohammed stammenden heiligen Gegenstände gelangten in den Topkapi-Palast nachdem Sultan Yavuz Selim im Jahre 1517 Ägypten erobert und damit die Kalifenwürde den osmanischen Herrschern gesichert hatte. Die Sachen waren zunächst in verschiedenen Teilen des Serails verwahrt worden; nach dem Jahr 1808 lies Mahmud II. in dem seit Mehmet Fatih als Thronraum genutzten Saal die Reliquien sammeln und sicher verwahren. Die Abteilung wurde als Hirka- i Saadet-Daire (Kammer des heiligen Mantels) bezeichnet, weil sich u..a. der Mantel des Propheten Mohammeds unter den heiligen Gegenständen befand. Die von den osmanischen Sultanen für das Grab des Propheten Mohammed gestifteten und unter Feierlichkeiten zum Grab geleiteten Prunkgegenstände waren während des 1. Weltkriegs von dort zum Topkapi-

Kammer mit den heiligen Reliquien. Das Silbergitter, hinter dem sich die heiligen Reliquien befinden, wurde von Zilli Mehmet fur Murad IV. gefertigt.

Die goldene Truhe birgt den Mantel des Propheten Mohammed.

Palast nach Istanbul gebracht worden was eine grosse Bereicherung der Sammlung bedeutet.

In dem mit Koranversen-Schmucktafeln ausgestatteten Saal sind die wertvollsten Reliquien ausgestellt.Die Truhe mit dem Mantel des Propheten steht auf einer Art Thron, der in der Zeit Murads IV. von dessen Hofjuweliermeister Zilli Mehmet gearbeitet worden war. Daneben wird in einer Truhe die heilige Fahne des Propheten (Sancak-i Serif) verwahrt. Im vorderen Teil der Kammer sind zwei Schwerter und ein Bogen des Propheten Mohammed zu sehen.

In dem Nebenraum, der als Arzhane bezeichnet wird, befinden sich als Ausstellungsstücke ein Brief des Propheten, ein Zahn, Barthaare, ein Fussabdruck und

Rechter Fußadruck des Propheten Mohammed auf farbigem Porphyr Dieser Fußadruck wurde unter Sultan Abdülmecid von Tripolis nach Istanbul gebracht. Sultan Abdülaziz ließ den golderen Rahmen dazu anfertigen.

Schwerter des Propheten Mohammeds.

Gefäß mit den Zähnen des Propheten.

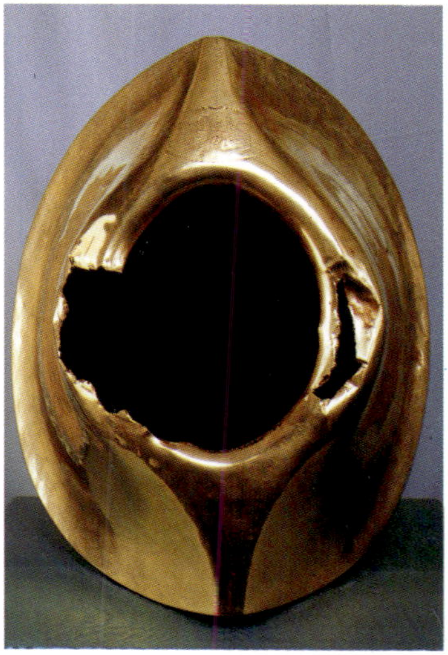

Hacer-ül Esved Stein mit Goldfassung.

persönliche Gegenstände wie z.B. ein Siegel. Die Goldfassung des Sternendiamanten Hacer-ül-Esved wird ebenfalls dort verwahrt. Unter den wertvollen Koranhandschriften befindet sich auch der Koran des Heiligen Osman, in dessen Lektüre er gerade vertieft war, als ihn sein Schicksal erteilte. Die3e Ausstellungsstücke werden zuweilen durch andere ausgetauscht. In dem Bau mit den Reliquien sind u.a. auch ausgestellt: Der Stab des Propheten Moses, der Säbel des Propheten David, die Schwerter des Siebenbärtigen Serifs und der Propheten Ebu Bekir, Ömer, Osman und Ali; ausserdem die Holzverkleidung der kleinen Moschee von Aksa, eine Tuchdecke der Kaaba, die Schlüssel der Kaaba und die goldenen Dachrinnen dieses Schreins.

Der Vierte Hof

Vom Enderun-Hof führt ein schmaler Durchgang zum Vierten Hof. Die Terrasse dieses Hofs- Richtung Goldenes Horn - wurde in der ersten Hälfte des 17. Jahrhundert, unter den Sultanen Murad IV. und Ibrahim, wesentlich erweitert, um darauf neue Pavillons zu bauen. In die Marmorterrasse vor dem Säulengang ist ein Wasserbecken mit Springbrunnen eingebaut. Um dieses Bassin reihen sich im Süden der Revan (Eriwan)-Pavillon, im Westen der Beschneidungsraum und etwas weiter entfernt der Bagdad-Pavillon. Zwischen diesen befindet sich der Iftar-Kiosk (Iftariye Kösk). Das Beschneidungszimmer - basierend auf einer Marmorterrasse - wurde vermutlich in der Zeit Süleymans des Prächtigen errichtet. Der heutige Zustand zeigt das Aussehen nach den baulichen Veränderungen unter Sultan Ibrahim.

Die Bezeichnung entstand unter Ahmet III., der die Prinzen in diesem Raum beschneiden liess. Dieser so genutzte Raum ist berühmt durch seine Iznik-Fliesen aus der Zeit vom 16. bis 18. Jahrhundert. Es hat sich herausgestellt, dass diese Fliesen aus anderen Räumen des Palastes herausgerissen und hier wieder verwendet wurden.

Die wichtigsten sind die blau-weissen Iznikfliesen, die aus dem 16. Jahrhundert stammen. Gegenüber dem Beschneidungsraum liegt der Revan-Pavillon, 1636 von dem Architekten Koca Kasim Aga als Erinnerung an den Feldzug nach Eriwan errichtet. Den oktagonförmigen Bau hat man aussen bis zu einer bestimmten Höhe mit Marmor, darüber mit Keramik-Fliesen aus dem 17. Jahrhundert verkleidet. Auf zwei Fronten des Schlösschens mit drei gewölbten Nischen sehen wir grosse Holzvordächer. In dem Kiosk-

Fayencen aus İznik im Harem, XVI. Jh.

Revan Pavillon (1635). Dieser Pavillon entstand zur Zeit von Murad IV. zur Erinnerung an die Revan-Kampagne.

Gebäude ist ein offener Kamin aus Kupfer eingebaut; die Wände sind dementsprechend bis zum Kuppelrand durch Fliesen vor dem Kaminfeuer geschützt. Das Innere der Kuppel ist ausgeschmückt mit Malereien, die Pflanzenmotive zeigen. Die obere Reihe der zweireihigen Fenster besteht aus farbigen Glasscheiben. Die Fensterläden sind mit Perlmutt- und Schildpatteinlagen verziehrt.

Nachdem die vom Padischah bei Zeremonien getragenen Turbane hier verwahrt wurden, nannte man später den Revan-Pavillon auch "Turbankammer" (Sarik odasi). Das Bagdad-Schlösschen steht in der Ecke der Steinfliesenterrasse mit Wasserbecken, die in Richtung Goldenes Horn gelegen ist. Der von Sultan Murad IV. im Jahre 1639 in Auftrag gegebene Kiosk ist auf folgendem Plan erstellt: Von innen 4 Vorsprünge auf einem Oktagon. Vom Garten aus betrachtet stellt sich das Gebäude als zweistöckig dar. Um das Schlösschen schlingt sich ein hölzernes Vordach, das auf 22 Marmorsäulen gestützt ist. Das Äussere des Pavillons ist bis zu den unteren Fenstern mit Marmor, darüber mit Keramikfliesen bedeckt. Die Kuppel auf dem Gebäude trägt innen Handmalerei-Schmuck. Die drei Türen des Hauses, die Schränke und die Fensterläden weisen als Zierde Perlmutt- und Schildpatteinlagen auf. Die Wände zeigen Fliesen aus dem 17. Jahrhundert. In einer Wand ist ein offener Kamin eingebaut. Zwischen den oberen und unteren Fenstern hat in Weiss auf

Revan Pavillon, Innenansicht.

Ansicht des İftariye Kiosk.
Bağdad Pavillon, Innenansicht.

Bagdad Pavillon erbaut 1639 durch Sultan Murad IV als Erinnerung an seinen Bagdad-Feldzug.

dunkelblauem Grund der gelehrte Künstler Enderuni Mehmet Celebi Koranverse über den 8. Himmel (Ayet-el-kürsi) geschrieben; die Schriftzüge ziehen sich ringsum über alle Wände hin. Zwischen dem Bagdad-Pavillon und dem Beschneidungssaal liegt die Iftar-Laube (Iftariye Kameriyesi). Die auch als Mondscheinlaube bezeichnete Loggia entstand im Jahre 1640, in der Zeit Sultan Ibrahims. Die ganz aus Metall bestehende Laube wurde an religiösen Feiertagen innen ausgelegt und eingerichtet. Die Zeremonien der Segenswünsche begannen hier. Ausserdem eröffnete der Sultan an den Ramazan-Fastentagen im Sommer von hier aus das abendliche Iftaressen;; daher rührt die Bezeichnung der Laube. Im Vierten Hof, westlich des Brunnenbeckens steht der Sofa-Pavillon. Die genaue Entstehungszeit ist unbekannt, doch wurde dieser Bau im Zusammenhang mit dem Grosswesir Mustafa Pasa (1670 - 1683) erwähnt und ist nach vielen Reparaturen bis heute erhalten. Rechts dieses Kiosks können wir das als Serail-Chefarzt-Saal oder Oberhofmeister-Turm bezeichnete Gebäude entdecken. Dieses ist eine Art Turm auf der von Sultan Mehmet Fatih gebauten Palastmauer. Die Bezeichnung "Hekimbasi Odasi" rührt daher, dass der Palastoberarzt hier Kranke behandelte und Medikamente vorbereitete. Vom Tulpengarten aus gelangte man über ein Marmortreppe zu dem Bereich, in dem der Mecidiye-Pavillon, die Kleiderkammer und die Sofa-Moschee liegen. Der zuletzt erstellte Kiosk ist

Bağdad Pavillon, Innenansicht.

das von Sultan Abdülmecid in Auftrag gegebene Mecidiye-Schlösschen. Gleichzeitig wurde die Kleiderkammer gebaut.Mit diesen Gebäuden, die vor dem Hintergrund der herrlichen Aussicht auf das Marmara-Meer und den Bosphorus errichtet sind, beenden wir unseren Gang durch die wesentliche Architektur des Topkapi-Palastes. Lassen Sie mich die Welt des Topkapi-Serails in ihrer Ganzheit vorführen, indem ich Ihnen auch den Harem zeige, der ein seltener und geheimnisvoller Gebäudekomplex ist.

Ansicht des Bağdad Pavillons und Iftariye Kiosk.

Mecidiye Pavillon Innenansicht

Rückseite: Eßzimmer aus der Zeit Sultan Ahmets III. 1705.

Der Harem

Nach der Eroberung Konstantinopels (Istanbul) im Jahre 1453 lies Sultan Mehmet Fatih auf dem heutigen Gelände des Beyazit-Platzes einen Palast errichten. Als dieser zu klein wurde, gab der Eroberer den Auftrag den heute noch bestehenden Topkapi-Palast zu bauen; die Bauzeit fiel in die Jahre 1472 bis 1478. Der mit den ersten Gebäuden für Sultan Mehmet Fatih entstandene Harem wurde immer wieder erweitert, bis zur Regierungszeit Murads III.. Dieser liess die vorhandenen Räumlichkeiten reparieren und den ganzen Harem vom alten Palast in den Topkapi-Palast übersiedeln. Die Herrscher nach Murad liessen den Harem durch Anbauten vergrössern.

Nun möchte ich Sie in den Harem führen, der sein Geheimnis 300 Jahre lang gehütet hat. Die Haremsgemächer sind Kammern, in denen tausendundeine Hoffnung aufkeimte und tausendund eine Hoffnung erstickt wurde - Räume, in denen tausendundeine Intrige gesponnen und wie Spinnweben verknüpft wurde. Ausser dem Padischah hat niemals ein Mann seinen Fuss in den Harem gesetzt.

Kuppelraum mit Schränken: Der Eingang zum Harem führt durch das sogenannte Wagentor, das unter dem Turm der Gerechtigkeit liegt. Durch dieses Tor pflegten die Haremsdamen ab und zu Pferdekutschen zu besteigen, daher die Bezeichnung. Ein weiteres Tor zum Harem führt durch das sogenannte Vogelkäfig-Tor, das heute als Ausgang für die Haremsbesucher dient. Das Wagentor ziert eine Inschrift von Sultan Murad III. Aus dem Jahre 1587. Es führt zu einem Eingangsraum für Dienstleistungen oder Lieferungen von Ausserhalb. Diesen Saal nennt man Dolapli kubbe (Kuppelraum mit Schränken), weil die Wände mit Schrankreihen ausgestattet sind. Neben diesem Entree liegt

Topkapı Palast, Blick auf den Haremstrakt.

Gemahlin von Sultan Süleyman dem Prächtigen. (Hürrem Sultan)

Plan des harem

1) Eingang zum Harem
2) Erster Wachraum
3) Wachturm
4) Moschee der Scwarzen Eunuchen
5) Hof der Schwarzen Eunuchen
6) Wohnkomplex der Schwarzen Eunuchen
7) Prinzenschule
8) Komplex der Eunuchen (Mädchenvorstand)
9) Hauptor des Harems
10) Wachraum
11) Vorraum des Komplexes der Sultansmutter
12) Durchgang zum Odaliskenhof
13) Odaliskenhof
14) Odaliskenbad
15) Vorratskammer
16) Odaliskentrakt
17) Trakt der Sultanfrauen
18) Eingang zum Wohnkomplex der Sultansmutter
19) Kaminraum
20) Empfangsraum der Sultansmutter
21) Schlafraum der Sultansmutter
22) Gebetsraum der Sultansmutter
23) Zugang zum Komplex der Sultansmutter
24) Wachraum des Wohnkompexes der Sultansmutter
25) Bad der Sultansmutter
26) Bad des Sultans
27) Schlafraum Abdülhamid I.
28) Suite Selim III.
29) Kiosk Osman III.
30) Fest-und Thronsaal
31) Brunnensaal
32) Kaminzimmer
33) Eingang zum Kiosk von Murad III.
34) Kiosk Murad III.
35) Bibliothek Ahmed I.
36) Früchtezimmer
37) Kronprinzengemach
38) Hof der Favoritinnen
39) Wohntrakt der Favoritinnen
40) Wohntrakt der Hasekis
41) Goldener Weg

Blick auf den Topkapı Palast.

die Brunnenhalle (Sadirvanli Sofa) - überkuppelt, auf rechteckigem Plan errichtet. Den Raum hat man durch Bögen zweigeteilt. Der erste Teil ist mit einem Gewölbe versehen, der zweite trägt eine flache Decke. Der Platz wird als Brunnen-Steinbasis erwähnt, weil hier früher ein Brunnen stand. Die Brunnenanlage befindet sich heute im Wasserbassin des Saales von Murad III. Der in den Massen 20 m x 8 m hergestellte Steinbasis-Raum ist mit fliesenverzierten Wänden versehen; die Keramik stammt aus dem 17. Jahrhundert. Die Wandfliesen tragen einen Schmuck in Form von aufgemalten Medaillons, in denen die Namen der zehn Leute stehen, denen der Prophet Mohammed das Paradies versprach. Ausserdem befindet sich hier eine Inschrift über die Restaurierung nach dem Brand von 1665, aus der Zeit Mehmeds IV. (1648 - 1687). Über dem sich davon links befindlichen Meskhane-Tor

Eingang zum Harem.

sehen wir eine Inschrift mit der Jahreszahl 1668, die einen Koranvers beinhaltet. Von der Tür auf der rechten Seite der Brunnenhalle führt eine Treppe zum Gerechtigkeitsturm. Über der Tür steht: Eine Stunde Gerechtigkeit üben bringt mehr Segen als zehn Jahre lang zusätzliche Gebetsübungen. Bei den späteren osmansichen Herrschern war es üblich, die Besprechungen der Wesire von einem Zimmerfenster aus im Gerechtigkeitsturm zu verfolgen. Die Moschee der Haremseunuchen (Harem Agalar Mescidi): Von der Brunnen-Steinbasis aus weitergehend, vor dem Tor mit dem Koranvers-Schmuck eine Halle durchquerend, kommt man zu dem Gebetsraum der Eunuchen, der auf einem quadratischen Plan errichtet ist - mit einer flachen Decke. Man nimmt an, dass das Gebäude nach dem Brand vom Jahr 1665 erneuert wurde. Die Wände sind mit Keramikfliesen aus dem 17. Jahrhundert verkleidet; Handmalerei ziert die

Quartier der Schwarzen Eunuchen u. Innenhof.

Decke, in der Gebetsnische ist die Kaaba, auf den Seitenwänden Medina und der Arafathügel bei Mekka in hellgrüner Farbe dargestellt. Gegenüber der Gebetsnische liegt eine Tür, die zu der Kalfa Schule führt, wo die Odalisken erzogen wurden.Neben dem Turm der Gerechtigkeit, vis-a-vis dieser Räumlichkeit, liegt die Zimmerflucht der unterhaltsamen Gesellschafter. Hier lebten die dem Sultan nahestehenden Pagen, der für die Finanzverwaltung des Harem zuständige Schatzmeister und die den Herrscher erheiternden Kommandanten der Hofzwerge (Cüce Agalar).

Harems-Haupttor: Östlich des Steinflurs der Schwarzen Eunuchen, der 60 Meter lang und etwa 8-10 Meter breit ist, befindet sich das Haupttor des Harems. Von dem freien Platz rechts dieses Tors kommt man zu dem heute als Ausgangstür des Harems benutzten "Vogelkäfigtor". Über dem Haremstor können wir einen Koranvers sehen, aus dem hervorgeht, dass es gegen die guten Sitten verstösst, die Häuser zu betreten. Von dem mit eisernen Flügeltüren versehenen Tor aus kommt man zu einem als Wachraum bezeichneten Steinhof, dessen Wände mit grossen Spiegeln ausgestattet sind; dort versehen die Schwarzen Eunuchen ihren Wachdienst rund um die Uhr. Dieser Platz ist der Schlüsselpunkt des Harems. Die Haremswächter gehen hier weder selbst hinein, noch lassen sie jemanden anderen eintreten. Für die Sicherheit und die notwendigen Dienstleistungen im Haremsinnern sorgten die Vorsteherinnen der Dienerinnen. Von den hier befindlichen drei Türen führt die linke zum Korridor der zu dem Steinflur der Konkubinen führt, die Tür in der Mitte zum Flur der Sultansmutter und die weitere Tür zu dem 46 Meter langen und 4 Meter breiten "Goldenen Weg". Die sich zum

Fayencen aus Iznik im Harem, XVI. Jh.

Fayencen aus Iznik im Harem, 1570.

Goldenen Weg öffnende Tür wurde vom Sultan und den Prinzen benutzt. Jeder neue Sultan kam nach der Zeremonie der Schwertumgürtung zu Pferd bis zu dem Reiter-Steinsteg im gepflasterten Hof der Sultanmutter, stieg dort ab und ging durch eine Tür auf den Goldenen Weg zum Thronsaal. Es war üblich den entlang dieses Weges wartenden Haremsfrauen Goldstücke zuzuwerfen. Die zweite Tür - in der Mitte - öffnete sich in Richtung des Steinflurs der Sultansmutter. Um diesen Innenhof reihen sich die Gemächer der Sultansmutter und die Wohnungen der Nebenfrauen. Die Sultansmutter, die Nebenfrauen und die Favoritinnen und Odalisken gingen durch diese Tür zu ihren Räumen

Hof der Odalisken (Cariyeler Tasligi): Die Benutzung der dritten Tür links war nur Frauen vorbehalten, die nicht zur Familie des Sultans gehörten, d.h. der Odalisken Palasdienerinnen und Gehilfinnen. Die Türen wurden von innen mit einem Riegel von den Frauen selbst geschlossen.

Selbst die Haremswächter taten von hier keinen Schritt nach innen. Wir gehen nun durch dieses Tor weiter zu den als Cariyeler oder Kadin efendiler Tasligi (Steinhof der Konkubinen) bezeichneten Platz. Über der sich gegen den Korridor öffnenden Tür steht:0, Allah, 0 unser alle Türen öffnender Gott, schenke uns die offene Tür zum grossen Glück. In dieser Formulierung steckt wohl die gemeinsame Bitte aller Konkubinen. Von dieser Tür kommend bemerken wir auf der linken Seite des Korridors einige dort aufgestellte Steine in Tischhöhe. Die schwarzen Eunuchen stellten üblicherweise die Tabletts mit Essen aus der Palastküche auf diese Steine und verschlossen dann die Tür. Von der anderen Seite des Korridors kamen die Konkubinen, öffneten die Tür und brachten dieses Essen zu den wartenden Frauen, hinter sich die Tür schliessend. Vom Ende des Durchgangs aus erreicht man den oberen

Die Mosaikfliesen-Nische in der Moschee der Schwarzen Eunuchen, am Haremseingang des Topkapi-Palastes gelegen, zeigt eine Darstellung der Kaaba in Mekka.

gepflasterten Hof der Konkubinen. Dieser Gebäudeteil wurde im 16. Jahrhundert, zusammen mit dem des Obereunuchen errichtet. Dort sehen wir die dreiseitige Säulenhalle mit dem Brunnen, dem hoch überkuppelten

Hamameingang und dem Treppeneingang, der zu den Wohnräumen der Dienerinnen führt. Daneben befindet sich die Eingangstür zum Hamam-Heizofen. Genau gegenüber liegen die Küche, Vorratsraum, Toiletten und Waschhaus und daneben die Kadin Efendi Wohnung und die Räume der Konkubinen.

Räumlichkeiten der Konkubinen (Cariyeler kogusu): Neben den Türen des Nebenfrauen-Wohntraktes öffnet sich eine Tür zu den sogenannten vierzig Treppen. Die fünfte Tür daneben ist die Tür zu den Kammern der Konkubinen. Dort wohnten und schliefen bis zu 25 Konkubinen. Innen zweigeteilt, handelt es sich um einen Grossraum mit schönem Kamin, einen durch Marmorsäulen gestützter Zwischenstock, dessen Fenster Richtung Steinhof liegen. Wenn die Zahl der dort Wohnenden stieg, schuf man neue Abteilungen, indem man den Raum zwischen den Säulen mit Hilfe von Bretterwänden abtrennte. Im unteren Stock wohnten die Anfängerinnen, neu gekommene Cariyeler, in den oberen Stockwerken die erfahreneren Konkubinen. Unter je zehn Frauen musste jeweils eine ältere Konkubine schlafen. Für tagsüber sammelten die Frauen ihre Matratzen ein; nachts schliefen sie darauf. Das Feuer in dem unteren grossen Kamin erwärmte den ganzen Winter über die Räumlichkeiten. Die Frauengruppen kontrollierten sich gegenseitig. Die Konkubinen überwachten die Anfängerinnen, die Palastdienerinnen die Konkubinen und die Helferinnen die Dienerinnen. Durch diese Organisation wurde der Harem in Ordnung gehalten. Die sogenannten vierzig Treppen neben der Kadin efendiler-Abteilung führten unten in das Harems-Krankenhaus. Eigentlich hat die Treppe nicht vierzig Stufen, sondern zweiundfünfzig. Den Platz links der Treppe nehmen die Vorratsräume der Sultansmutter ein. Weil im Osten dieses Steinhofs die Konkubinen-Kammern liegen, nennt man ihn den Hof der

Konkubinen. Neben diesen Räumlichkeiten liegt der Raum für die Krankenpflegerin. Links des Steinflurs liegt das Krankenrevier. Durch das hier befindliche Krankenhaus-Bad und die Spitalküche wurde eine eigene Abteilung geschaffen. Auf der gegenüberliegenden Seite des Flurs befindet sich die Wäscherei und der Waschraum für die Toten. Die im Harem verstorbenen Frauen wurden hier gewaschen und durch das hintere Meyit-Tor (Tor des Todes) hinaus getragen.

Die Gemächer der Hauptfrauen (Kadin efendiler dairesi): Rechts des Steinhofs liegen die Gemächer für die zweite, dritte und vierte Hauptfrau. Die Wohnung der ersten Hauptfrau liegt neben dem Kaminsofa im Steinhof der Sultansmutter. Die Räume sind als Haseki Sultan-Wohnung (Wohnung der Sultansgemahlin) bekannt. Man weiss, dass die Ehefrauen des jeweiligen osmanischen Sultans als erste, zweite, dritte und vierte Kadin Efendi (Hauptfrau) bezeichnet wurden. Die Ehefrau, die den ersten Sohn gebar, erhielt den Titel Hauptfrau; die später einen Sohn gebärenden erhielten der Reihe nach den Titel der zweiten, dritten, vierten Hauptfrau. Zu den Räumen der zweiten Hauptfrau führt eine Holztür. Die Wohnung besteht aus zwei Zimmern, u.a. mit einer niedrigen Polsterbank ausgestattet. Die mit Kütahya-Fliesen verkleideten Wände zeigen einzelne Spuren von Reparaturen. Von hier aus gelangt man zu einem schmalen Korridor. Rechts nimmt eine Toilette und links eine nach oben führende Treppe den Raum ein. Weiter geht es zum Hauptraum. An der rechten Wand gibt es einen Schrank, einen offenen Kamin und einen Brunnen. Aus dem Brunnen fliesst kaltes und warmes Wasser. Die bunten Glasscheiben gegenüber wirken wie ein Blumenstrauss. Den offenen Kamin sehen wir nach einer Reparatur im neuen Gewand. Den Schmuck bilden die schönen Wandfliesen, die seidenbezogenen Polsterbänke und der rötliche Mangal (Holzkohlebecken) aus Kupfer. Die Schränke in dem kleinen Zimmer links dienten tagsüber als Bettzeugkästen. Die Treppen im Korridor führten in das obere Stockwerk, in dem sich die Schlafzimmer der

Glasfenster des Kronprinzengemachs im Harem.

Hauptfrauen befanden. Die Decke des kleinen Zimmers ist in Malakari-Technik gearbeitet. Der eigentliche Salon hat eine Kuppeldecke, durch farbige Handmalerei verziert. Es wird angenommen, dass die zunächst für die Hauptfrauen gebauten Wohnräume später den Haremsdienerinnen zur Verfügung gestellt wurden.

Ansicht der Gemächer der Sultansmutter.

Gemächer der Sultansmutter: Zu den Gemächern der Mutter des Sultans gelangt man, wenn man zu den Räumen der Hauptfrauen vorbeigeht. Mit der Thronbesteigung des Sohnes wurde dessen Mutter unter den vorgeschriebenen Zeremonien vom alten Palast in die Haremsabteilung geführt und in diesen speziellen Räumen untergebracht. In ihrer Stellung als Sultansmutter, d.h. als Oberhaupt des Harems standen natürlich viele Konkubinen und Dienerinnen unter ihrer Befehlsgewalt. Auf dem Weg zu den Zimmern der Mutter des Sultans sind zwei kleine Hallen zu durchschreiten. Davor liegt der dazugehörige weiträumige Hof. Der Eingang zu den Salons liegt in diesem Innenhof. Ich werde Ihnen nun diesen etwas näher beschreiben und dann unsere Tour zu den Gemächern der Sultansmutter fortsetzen.

Der mit Steinen gepflasterte Platz hat die Form eines oben offenen Innenhofs. Der Kern des Harems ist um diesen Hof gebildet; die Haremsgebäude sind darum herum angeordnet und laufend erweitert worden. Südlich des Hofs erstreckt sich der sogenannte "Goldene Weg", der vermutlich noch aus der Zeit Mehmet Fatihs stammt. Im Westen dehnen sich die Wohnräume der Palastdienerinnen und der Gehilfinnen aus. Daneben finden wir die Harems-Apotheke. Die Häuser im Norden des Innenhofs der Sultansmutter, in der Nähe des Goldenen Wegs, waren von den Haseki-Sultaninnen bewohnt. Die Ehefrauen des Sultans, die sogenannten Kadin efendiler , erhielt im Falle der Geburt eines Sohnes den Titel Haseki-Sultan. Neben deren Räumen befanden sich auf der einen Seite Geburtszimmer, auf der anderen Seite die Kaminhalle.

Zu den Haseki-Wohnungen gelangte man durch eine Tür von dieser Halle aus. Wohl noch aus der Zeit des Eroberers stammend, bildet ein grosser Kaminraum mit den Haseki-Räumlichkeiten zusammen eine grosse Säulenhalle. Die

Gebetsraum der Sultansmutter. Neben dem Schlafraum der Sultansmutter befinded sich der Gebetstaum. Er ist gefliest und hat ein Fliesenbild von Mekka unter Glasur.

Schlafraum der Sultansmutter. Dieser rechteckige Raum ist ein Teil des Wohnkomplexes der Sultansmutter.

berühmte Sultanin Hürrem hat wahrscheinlich als Erste dieses Apartement bewohnt. Die Säulenzwischenräume hat man später geschlossen und damit weitere Zimmer geschaffen. Von der Kaminhalle konnte man durch eine Tür zu den Haseki-Gemächern gehen, von dort aus durch eine weitere Tür zu der Brunnenhalle (Çeşmeli Sofa). Die

Osmanenherrscher stiegen nach der Schwertumgürtung vom Pferd bei der Reiter-Steigstufe vor der Kaminhalle, durchquerten diese und gingen zu ihrem Salon im Harem. Aus diesem Grund nannte man die Tür des Kaminzimmers auch die Throntür. Vor Kriegszügen nahmen hier die Sultane Abschied von ihrer Familie - in voller Rüstung das Pferd besteigend. Man kann die Wohnung der Sultansmutter durch eine Tür rechts des Kadinefendi-Hofes, zwei Hallen durchquerend, erreichen. Der erste Raum, den man am Eingang sieht, war das Zimmer der Oberzofe der Sultansmutter. Es ist sehr schön ausgestattet mit einem offenen Kamin, gekachelten Wänden und eingebauten perlmuttverzierten Schränken. Die Wohnung der Mutter des Padischah ist von hier aus zugänglich; der Haupteingang befindet sich im dazugehörigen Innenhof. Hier liegen zwei Zimmer, das erste war das Wartezimmer für Gäste, das zweite der Eingangsraum.

Die Treppen gegenüber des bewachten Eingangs führten zu den oberen Räumen. In diesen drei Räumen pflegten sich die Favoritinnen und die Odalisken aufzuhalten, die die Nacht mit dem Sultan verbracht hatten. Über der Tür befindet sich eine Inschrift eine Renovierung betreffend, mit der Jahreszahl 1667, zwei Jahre nach einem zerstörenden Feuer. Durch diese Tür kommt man zu einem grossen Salon, der als Speisezimmer der Sultansmutter diente. Der Salon besteht aus zwei Stockwerken.

Das erste ist mit Fayencen aus dem 17. Jahrhundert ausgekachelt. Der Ornamentschmuck im ersten Stock und in der Kuppel wurde in der Zeit Mahmuds II., im Jahr 1817, ausgeführt. Die Kuppel ist ausgeschmückt mit Weinreben- und Traubenmotiven. Es gibt auch einen offenen Kamin in diesem Salon. Die Wandseite mit dem Fenster wurde vermutlich als Speiseraum benutzt. Auf der linken Seite des Speisesaals ist eine zweiflügelige Holztür, die

Zimmer Selim III. Es wird vermutet, dass dieser Raum während der Regierungseit Osman III gebaut und unter Selim III dekoriert wurde.

Perlmuttschmuck trägt. Sie führt zu einem Schlafzimmer. Die Wände sind mit Fliesen aus dem 17. Jahrhundert bedeckt, die bogenförmige Decke ist mit Spiegeln versehen. Linker Hand befindet sich unter einem durch vergoldete Schnitzarbeiten geschmückten Baldachin die Bettstatt. Sie konnte durch einen Vorhand geschlossen werden. Der Gebetsraum der Sultansmutter liegt dem Schlafzimmer gegenüber; die beiden Räume verbindet eine Tür und zwei Fenster mit Bronzegitterwerk. An den Wänden bemerken wir ein Bild von Mekka in freundlichen hellem Grünton gehalten - mit der Jahreszahl 1667. Diese Gemächer der Sultansmutter wurden vom 16. Jahrhundert bis zum 20. Jahrhundert oft repariert und verloren damit natürlich, nach und nach, das Aussehen des Originals völlig. Die Kuppel wurde gegen Ende des 18. Jahrhunderts restauriert und dem Stil dieser Zeit entsprechend ausgeschmückt. Zu den zuletzt ausgeführten Reparaturarbeiten gehörte die Renovierung des Kamins; er wurde mit den Wandfliesen aus dem Apartement der Cevri Kalfa versehen. Die unter der Kontrolle der Sultansmutter beschäftigten Konkubinen

wohnten im unteren Stockwerk. Man kann alle drei Stockwerke der Sultansmuttergemächer vom Garten aus genau sehen. Lassen Sie uns nun berichten von den Räumen des Sultans Selim III. und der Mihrisah Sultan.

Die Gemächer der Sultansmutter Mihrisah: Das oberste Stockwerk der Sultansmutterräumlichkeiten gehörte der Mutter des Sultans Selim III., Mihrisah Sultan. Es hatte einen Zugang über eine seitliche Treppe. Der Treppenaufgang ist mit Landschaftsbildern geschmückt, die westlichen Kunsteinfluss verraten. Als im Jahr 1789 Selim III. den Thron bestieg, wurde seine Mutter, Mihrisah Sultan unter grossen Zeremonien vom alten Palast in ihre neuen Gemächer geführt. Man hatte eigens für sie eine Wohnung über den offiziellen Sultansmuttergemächern errichten lassen. Sultan Selim III. hat später, nach seiner Entthronung, den noch von dem Hofarchitekten Melling gebauten Zwischenstock in ein geheimes Refugium verwandeln lassen und wohnte dort mit seiner Mutter noch etwa ein ganzes Jahr lang.

Die Wohnung der Sultansmutter Mihrisah hat einen

Badehaus des Sultans (Innenansicht). Das zweigeteilte Bad war im Jahr 1580 baulich mit dem der Sultansmutter vereiningt worden. Im 17. Jahrhundert restauriert, zeigt dieses Hamam das seit damals bis heute unveränderte Aussehen.

quadratischen Plan und ist mit einer flachen Decke versehen. Die Decken und die Wände beider Räume sind mit vergoldetem Gitterwerk im Barock- und Rokokostil ausgeschmückt.

Der Innenraum ist marmorverkleidet, der offene Kamin im Barockstil ist mit europäischen Fliesen ausgestattet, die weisse und blaue Blumendesigns zweigen. Auf beiden Seiten des Kamins sind Bilder mit europäischen Landschaften zu sehen. Was das zweite Zimmer anbetrifft, so sind dort die Seiten und der obere Teil des Fensters in der grossen Nische mit ähnlichen Bildern dekoriert.

Das Gemach Abdulhamids I.: Neben den Räumen der Sultansmutter - gegenüber dem Bad des Sultans - liegt der Schlafraum Abdulhamids I.. Die osmanischen Herrscher hatten ihre Nächte bis in die Zeit Osmans III. (1754 - 1757) im Pavillon Murads III. verbracht. Die Handschrift des Chefarchitekten Davud Aga ist in diesem Gebäudeteil unverkennbar. Die Suite wurde in der Zeit Osmans III. und

Zimmer Selims III. Ansicht der Gemächer von Sultan Selim. III. Man nimmt an, daß sie unter Osman III. errichet und unter Selim III. dekoriert worden sind. Die quadratische Decke ist völig mit Blattgold im Barock und Rokoko-Stil verziert.

Abdulhamids I. benützt, nachdem sie ganz im Rokokostil ausgestaltet und die flache Decke durch ein Flechtmuster verschönert worden war. Auch die Sultane nach Osman III. haben das Zimmer als Schlafraum aufgesucht. Das Gemach wurde nach Abdulhamid I. benannt, weil er es hatte renovieren lassen. Der Raum ist rechteckig und besteht aus drei Teilen mit flachen Decken. Die Wände und die Decke sind mit Goldblattwerk im Barock- und Rokokostil verziert. In den Salon ist ein Brunnen eingebaut, der mit rosa und blauben Goldblattfliesen aus Europa verkachelt ist. Unter dem mit vergoldetem Holzblattwerk geschmückten Baldachin sieht man die herrschaftliche Schlafstätte. Von hier gelangt man zu den Räumen Selims III., der Sultansmutter Mihrisah und zu dem Pavillon Osmans III.

Der Salon Selims III.: Vom Schlafgemach Abdulhamids I. kommt man zum Kunststudien-Raum Selims III.. Man weiss, dass dieser Salon zur Zeit Osmans II. gebaut und von Selim III. im Auftrag gegeben wurde. Unter Sultan Selim III.

Wohnkomplex der Sultansmutter Mihrişah. Der Wohnkomplex der Mutter von Sultan Selim III. (1789-1807) besteht aus zwei quadratischen Räumen, deren Wände und Decken vergoldete Ausschmückungen im Rokoko- und Barockstil aufweisen. Bei der Wandmalerie handelt es sich um europäische Landschaften.

benutzte man die Zimmergruppe; sie besteht aus zwei Räumen.. Der Bau entstand im Jahr 1790; er hat eine Decke aus Holz und ist quadratisch. Die Wände und die grosse Decke sind ganz im Barock- und Rokokostil dekoriert - unter Verwendung von Blattgold. Es gibt dort einen marmoren Kamin in einem Bogen, der ein aussergewöhnlich eindrucksvolles Beispiel türkischen Rokokos repräsentiert.

Umschlagseite, worn: Wohnkomplex der Sultansmutter Mihrişah.

İznik tile panels of the Murat III Kiosk. 16th century.

Der offene Kamin hat innen weisse, aussen mit blauen Blumenmuster geschmückte Fliesen aus Europa.

Der Pavillon Osmans III.: Der Salon Selims III. ist mit dem Pavillon Osmans III. durch einen langen Korridor verbunden. Der Bau wurde unter Mahmud I. begonnen und dann in der Zeit Osmans III. im Jahre 1754 beendet. Der hängende Garten vor dem Hünkar Sofasi (Sultanshalle) liegt über den inneren Palastmauern, die Fassade liegt in der Richtung des Goldenen Horns. Der Pavillon, vor dem ein flacher Hof liegt, besteht aus drei miteinander verbundenen Räumen. Die Decken der Zimmer sind aus Holz gearbeitet, die Wände im Barock- und Rokokostil geschmückt. Unter den Ornamenten befinden sich auch weisse, europäische Fliesen, die mit braunen und blauen Designs versehen sind. Ausserdem sind als Dekor der Nische des mittleren Raums und auf den Wänden der zwei weiteren Räume rechteckige Bilder zu sehen, die als Thema Architektur zum Inhalt haben und westlichen Einfluss verraten. Der grosse Raum, d.h. Salon ist das wertvollste Zimmer des Pavillons.

Die Bäder des Sultans und der Sultansmutter: Die Bäder des Osmanenherrschers und der Sultansmutter befinden sich rechter Hand, wenn man von den Gemächern der Sultansmutter zu dem Hünkar Sofasi geht. Das schönste Bad im Harem ist das Hamam des Sultans, das im 16. Jahrhundert von dem Architekten Sinan in weissem Marmor ausgeführt worden war. Dieser Bau wurde in der Mitte des 17. Jahrhundert im Rokokostil neu ausgestaltet. Daneben liegt das Bad der Sultansmutter, das von der Mutter Mehmets IV., Turhan Sultan, restauriert wurde. Ihm liegt der selbe Plan wie dem Bad des Sultans zugrunde. Es lag natürlich nahe, die beiden nebeneinander liegenden Bäder von einer gemeinsamen Feuerungsanlage aus zu heizen. Das Sultansbad besteht aus drei Abteilungen. Der erste Raum war als Ruhe- und Massageraum eingerichtet.

Fest - und Thronsaal (Hünkar Sofası) Spätes 16. Jh. Dies ist einer der größten Räume des Harems, gebaut nach der Sinan Periode, Ende des 16. Jhdts. oder zu Beginn des 17. Jhdts. Er wurde im 18. Jhdt. zur Zeit Osmans III. umgestaltet.

Die noch vorhandenen Spuren an den Wänden sind Reste von Malereien. Es gab einige Sitzbänke, die mit Polstern in weisser Farbe bedeckt waren und wohl Ruhe ausstrahlen sollten. Der Auskleideraum war elegant mit einem Kristallspiegel in Goldblattrahmen und gleich ausgeschmücktem Holzschrank ausgestattet. In der dritten Abteilung war das eigentliche Bad. Das Calendarium (Aufwärmzimmer) ist durch das Tepedarium (Abkühlzimmer) erreichbar. Das Bad erhält Licht durch die Fenster in den grossen und kleinen Kuppeln. Der linke Teil - mit einer Art eisernem Käfig versehen - war der Platz, an dem sich der Sultan zu waschen pflegte. Die stabilen Eisenstangen sollten den Herrscher vor einer evtl. Mordanschlag schützen. Wenn wir diese interessanten Räumlichkeiten, eingerichtet mit eleganten Marmorbecken und Wasserhähnen verlassen, kommen wir durch ein kleines Zimmer zu dem prächtigsten Salon des Palastes, dem Hünkar Sofasi (Halle des Padischahs).

Die Halle des Padischahs: Der Hünkar Sofasi-Bau war die Halle, in der sich der Sultan (=Padischah) tagsüber aufhielt, seine Gäste empfing und Feiertags Glückwünsche entgegennahm; auch einige Zeremonien wurden dort abgehalten. Die Halle wurde unter der Aufsicht des Hofarchitekten Davud Aga im Jahre 1585 erbaut, unmittelbar nach dem Bau des Pavillons Murads III.. Der überkuppelte Salon wurde gründlich restauriert von Mehmet IV., nach einem Brand im Jahre 1665 und auch im 17. Jahrhundert. In der Regierungszeit Osmans III. kamen erhebliche bauliche Veränderungen hinzu; man baute den baldachinförmigen Balkon an, auf dem der Herrscher zu sitzen pflegte und installierte die Sitzbänke darunter. Danach wurde der Salon als Zeremonienhalle benützt. Es gibt 26 Fenster, zusammen mit den oben angebrachten. Die Kuppel dieses Saals ruhte auf vier konischen Bögen, im Rokokostil dekoriert. Die Holzteile, wie z.B. die Fenster der Kuppel und der Schrank sind mit verschiedenen Ornamenten geschmückt. Die aus dem 16. Jahrhundert stammende Dekoration der Bögen ist ein Schlüssel zu dem architektonischen Stil dieser Zeit. Das Gebäude war mit Delfter Kacheln ausgestattet. Ein Thron des Sultans lag gegenüber dem Eingang. Neben dem Thron standen auf

Pavillon Murads III (1578).Dieser Kiosk-Pavillon mit hoher Kuppel hat einem rechteckigen Grundriss und ist eines der schönsten Gebäude des Harems - Das Werk des Architekten Sinan.

beiden Seiten grosse chinesische Vasen. Links gab es Sitzbänke mit Seidensamtpolsterung. Der darüberliegende Balkon war für das Orchester bestimmt. Die symetrisch aufgestellten Uhren waren Geschenke der englischen

Königin Viktoria. Der Empire-Armsessel aus Holz, der in einer Ecke steht, kam als Geschenk des Kaisers Wilhelm II. für den Sultan Abdülhamid nach Istanbul. Dieses Sitzmöbel hat man hier nur als Stilmuster - Beispiel - aufgestellt. Der spiegelverkleidete Schrank in der linken Ecke der Halle ist eigentlich eine Tür. Der Sultan konnte unbemerkt durch diese versteckte Tür in die anderen Bereiche des Harems gelangen. Auf dem Wandfries aus Fliesen, der sich rund um den Salon zieht, sehen wir einige im grossen blau-weissen Schriftzügen aufgetragene Koranverse (Ayet-ül Kürsü). Ausserdem ist auf dem Fries, über dem Thronsitz des Sultans, das Jahr der Restaurierung zu lesen (1666) und der Namenszug Sultan Mehmeds IV. zu sehen. Die inneren Teile der konischen Bögen, die die Kuppel tragen, sind mit Handmalerei ausgeschmückt. Die Originalbilder haben die Reparaturen unbeschadet überstanden.

Die Brunnenhalle (Çeşmeli Sofa): Um vom Hünkar Sofasi zum Pavillon Murads III. zu gelangen durchqueren wir die Brunnenhalle. Dort warteten üblicherweise die Kronprinzen und die Hauptfrauen, wenn sie den Pavillon Murads III. oder die Sultanshalle betreten wollten. Der rechteckige Saal mit einer Tonnengewölbe-Decke verdankt seinen Namen dem Brunnen, der in eine Wand eingebaut ist. Über dem Brunnen ist das Monogramm Mehmeds IV. angebracht. Die Wände sind mit Fayencen aus dem 17. Jahrhundert bedeckt; eine Tür öffnet sich gegen die Halle mit einem Kamin. Eine Tür dieser Kaminhalle führt in den Innenhof der Sultansmutter. Durch diesen auch als Throntür bezeichneten Eingang konnten die Herrscher zu ihren eigenen Gemächern gelangen, indem sie die Kaminhalle und die Brunnenhalle durchschritten. Der mit einem grossen offenen Kamin geschmückte Raum trägt als Wanddekor farbige Fliesen aus dem 17. Jahrhundert. Nach der Inschrift auf den Wänden wurde die Halle im Jahre 1665,

nach einem Feuer im Harem, auf Weisung Mehmeds IV. restauriert. Eine Tür führt von der Kaminhalle zu den Gemächern der ersten Hauptfrau (Bay Haseki); über diesen liegen die Räume der Kronprinzen. Zu dem Pavillon Murads III. geht es durch diese Brunnenhalle.

Pavillon von Sultan Murad III., verschiedene Ansichten.

Der Pavillon Murads III.: Eine der bezaubernsten Räumlichkeiten des Harems ist der Pavillon Murads III.. In dem von dem Architekten Sinan im Jahre 1578 erbauten Salon spiegelt sich die ganze Pracht des 17. Jahrhunderts wider. Der Raum ist ganz mit blauen Fliesen dekoriert, zwischen die korallenrote Fliesen verstreut angebracht sind - eine wahre Augenweide. Die hoch angebrachten Fenster sorgen für Licht. Der Pavillon trägt eine eindrucksvolle Kuppeldecke, deren Schmuck klassische Motive beinhaltet. Auf der rechten Seite des Salons sehen wir gepolsterte Sitzmöbel unter einem Baldachin, der auf vier geschnitzten Säulen ruht. Das Innere der prunkvollen Nische ist mit Handmalerei verziert, das Äussere zeigt blattvergoldetes Rankenwerk aus Holz. Der in dem Raum befindliche Kamin ist ein Symbol des damaligen schönheitsdurstigen Zeitalters. Gegenüber dieses kupferverkleideten offenen Kamins ist ein dreistufiger Marmorbrunnen in den Boden eingelassen. Noch heute speit der Brunnen Wasser. Die Wasserhähne waren früher fast immer geöffnet, damit durch das Plätschern des Wassers niemand die in dem Salon geführten Gespräche mithören konnte. Die Einrichtung ist von auffallender Schönheit: Schränke mit Perlmutteinlagen, geschnitzte Holztüren, Sitzbänke im orientalischen Stil und künstlerisch gearbeitete Kohlebecken. Koranvers-Inschriften auf einem Kachelfries umrunden das Innere des Salons. Unter dem Pavillon liegt ein grosses Wasserbecken. Lassen Sie uns nun durch eine gegenüberliegende Tür zur Bibliothek Ahmets I. weitergehen.

Die Bibliothek Ahmets I.: Diese Bibliothek ist ein kleiner quadratischer Raum, der mit Iznik-Fliesen dekoriert ist, die nach den Serien produziert wurden, die den Pavillon Murads III. schmücken. Der Architekt des Gebäudes war Sedefkar Ahmet Aga, der im Auftrag Ahmeds I. handelte.

Die sehr schönen Perlmutteinlagen in dem Wandschrank und den Fensterläden verleihen dem Raum eine besondere Athmosphäre. Ein Brunnen, mit der Jahreszahl 1608 versehen, ziert eine Nische auf der linken Seite des Eingangs. Die oberen Teile der Wände sind mit blau-weissen und grün-weissen Fliesen aus dem 17. Jahrhundert bedeckt.

Das darauf befindliche Schriftband ist im Sülüs-Stil ausgeführt. In diesem Teil des Palastes befindet sich übrigens auch das kleinste und feinste Zimmer des Harems, das sogenannte Früchtezimmer (Yemis Odasi).

Das Früchtezimmer (Yemis Odasi): Neben der Bibliothek Ahmeds I. baute man im Jahre 1705 einen Raum für Ahmet III., der von oben bis unten mit Paneelen ausgestattet ist, auf denen Früchteteller und Blumengebinde in Handmalerei zu sehen sind. In diesem rechteckigen Raum bestaunen Besucher den Spiegel zur Linken, die kleinen Nischen, den ummantelten Mamorkamin, die kleinen

Bibliothek Ahmets I. Sie ist neben dem Kiosk Murads III. Der untere Teil der Wände ist mit Marmor verkleidet. Die Fensterläden und Schranktüren zeigen Einlegearbeit mit Perlmutt und Schildplatt.

Das "Yemiş Odası" - Speisezimmer. Auch als "Früchtezimer" bekannt. Ein schmaler, kabinenartiger Raum, dessen Eingans sich an die Bibliothek Ahmets I. anschliesst mit Blick auf den Innenhof Osmans III.

Kristallkerzenständer in den Fenstern und die grosse runde Kupferplatte - mit Untergestell - auf dem Boden. Diese interessante Ansammlung von faszinierenden Wandbildern und sonstigen Dekorationen lässt insbesondere ausländische Touristen minutenlang davor verweilen. Über einige Stufen kommt man zur Kronprinzensuite.

Doppelpavillon (Kronprinzen-Suite): Der Doppelpavillon, der auch als Kronprinzensuite bezeichnet wird, liegt in der Nähe des Pavillons Murads III. Zu dieser Suite, die aus zwei ineinandergehenden Zimmern besteht, führt eine kleine Treppe. Die beiden Räume entstanden im 17. Jahrhundert, während den Regierungszeiten Murads IV. Und Mehmets IV.. Zum ersten Zimmer dem Murads IV., das nahezu quadratisch ist, muss man durch eine schmale Tür hindurch gehen. Die Kuppeldecke ist mit verschiedenen Motiven in Goldblattwerk auf Leinen geschmückt. Diese prächtige Kuppel war einige Jahre unter einer flachen Decke verborgen gewesen, bevor man sie anlässlich einer der letzten Reparaturen entdeckte - man hatte die Deckenkonstruktion abgenommen. Prächtige Fliesen aus dem 17. Jahrhundert schmücken die Seitenwände des Zimmers. Auf dem Kamin, rechts neben dem Eingang, können wir Malereien bestaunen, deren Motive einem Fliesendekor ähneln. Zwischen zwei Fenstern befindet sich ein Band mit Fliesen und Inschriften. Auf der Innenseite der Fenster sind ebenfalls Schmuck-Schriftzüge zu erkennen. Die wunderschönen Buntglas-Fenster und die darin angebrachten Wasserhähne machen diesen Raum aussergewöhnlich anziehend. Durch eine kleine Tür gehen wir weiter in den zweiten Raum dieses Pavillons; man nimmt an, dass er von Murad IV. Stammt. Links ausgestattet mit einem Gemütlichkeit ausstrahlenden

Umschlagseite, vorn: Zweiter Raum des Doppelpavillons "Çifte Kasırlar"

Innenansicht der Gemächer des Kronprinzen, XVI. Jh.

Die Kammern der Favoritinnen im Harem.

Nische mit Mangal-Kohlebecken im Doppelpavillon.

offenen Kamin, rechts mit einem Holzkohlebecken, ist das Zimmer verschönt durch Wandmalereien in Pflanzen- und geometrischem Dekor. Die Decke ist als Tonnengewölbe mit Spiegeln bedeckt; die Fenster tragen farbige Glasscheiben. Die Schränke mit den Perlmutteinlagen neben dem Kamin eingebaut, vervollständigen den Zauber dieses kleinen Kabinetts. Der Höhenunterschied im Zimmerboden hat sich erst bei der letzten Restaurierung herausgestellt. Die beiden, innen und aussen mit Wandfliesen bedeckten Räumlichkeiten hat man nach dem 18. Jahrhundert den jeweiligen Kronprinzen überlassen.

Die Räumlichkeiten der Favoritinnen (Gözdeler Dairesi): Nach dem Verlassen des Kronprinzenpavillons, in dem früher die Prinzen entweder voller Hoffnung oder voller Todesangst verweilten, sehen wir vor uns den Innenhof der Favoritinnen, darunter das Wasserbassin der Odalisken. Weiter unten befindet sich ein Platz, der "Simsirlik" (Buchsbaumhalde) genannt wird. Hinter dem Hof erstrecken sich die Räume der Favoritinnen, die Abdülhamid erbauen liess und die aus fünf verschiedenen Kammern bestehen. Darunter lag das Spiegelzimmer des Sultans. Von diesem Empfangszimmer führte eine geheime Treppe - in einen Schrank eingebaut - zu dem ersten der oberen Zimmer, welches sehr gross ist. Die anderen Kammern, alle kleiner, liegen daneben. Man kann diese Räume über eine Treppe neben dem Goldenen Weg betreten. Endlich erreichen wir den Korridor, der der "Goldene Weg" genannt wird.

Der Goldene Weg: Der 46 Meter lange "Goldene Weg" erinnert an eine Gasse. In diesem halbdunklen Korridor sehnten sich die Haremsfrauen nach einer Promenade. Der Goldene Weg war die Bühne mancher historischer Ereignisse in der osmanischen Geschichte. So wurden zum Beispiel hier die Rebellen gestoppt, die Mahmut II. ermorden wollten - durch die mutige Palastdienerin Cevri, die diesen Männern Asche in die Augen streute. Der unscheinbare Korridor verdankt seine Bezeichnung "Goldener Weg" der Tatsache, dass die Osmanenherrscher an Feiertagen und vor Kriegszügen den Odalisken, die am Wege aufgereiht standen, Goldmünzen zuwarfen. Der Goldene Weg ist die Endstation unseres Ganges durch die rätselhafte Welt des Harems. Wir verlassen den berühmten Weg durch das Kushane-Tor.